ALEXANDRE PIEDAGNEL

JADIS

Souvenirs et Fantaisies

Avec six Eaux-fortes

DE MARCEL D'AUBÉPINE

PARIS

Isidore LISEUX, Éditeur

Rue Bonaparte, N° 25

1886

Il a été tiré de ce livre :

2 Exemplaires sur parchemin (Nos 1 et 2),
2   —   papier de Chine (Nos 1 et 2),
non mis dans le commerce ;
100 sur véritable papier de la Manufacture impériale du Japon (Nos 1 à 100);
350 sur papier fort de Hollande (Nos 1 à 350).

Les exemplaires sur parchemin, et sur papiers de Chine et du Japon, contiennent les six Eaux-fortes en triple épreuve (noir et sanguine avant la lettre, et noir avec la lettre).

EXEMPLAIRE
sur papier de Hollande.

N° 278

Tous droits réservés.

ALEXANDRE PIEDAGNEL

JADIS

Souvenirs et Fantaisies

Avec six Eaux-fortes

DE MARCEL D'AUBÉPINE

PARIS

ISIDORE LISEUX, ÉDITEUR

Rue Bonaparte, N° 25

1886

AU LECTEUR

Un accueil sympathique, fait aux pages déjà anciennes que je réunis aujourd'hui, les parerait bien vite d'une seconde jeunesse.

Je souhaite, à mes Études sincères et à mes Croquis de jadis, cet heureux été de la Saint-Martin.

A. P.

Neuilly, 11 Novembre 1885.

Pourquoi marcher toujours violettes en main?
Tu n'es plus jeune, Ami : tout cesse.
— C'est comme un souvenir que j'agite en chemin,
C'est le parfum de ma jeunesse.

SAINTE-BEUVE.

SOUVENIRS

MILLET CHEZ LUI

À Mon ami Alexandre Piedagnel
Barbizon 26 Août 1864.
J. F. Millet

MILLET CHEZ LUI

SOUVENIRS DE BARBIZON

I

L y a quelques années, je me trouvais, par un soir d'automne, assis à une table hospitalière, entre deux des plus célèbres artistes de ce temps-ci : MM. Jean-François Millet et Théodore Rousseau.

Notre conversation avait capricieusement suivi cent méandres charmants. Les yeux brillaient, les lèvres souriaient, car chacun respirait à pleins poumons et se sentait heureux de vivre dans cette atmosphère de cordialité exempte d'arrière-pensée.

L'auteur du *Vanneur* m'avait, au dessert, gracieusement promis un croquis.

« Tenez, mon cher ami, je vous donnerai une
» paire de sabots...

» — Mais, là, des sabots authentiques et si-
» gnés?

» — Parfaitement. De vrais sabots rustiques,
» mollement couchés sur un lit de paille, et qui
» feraient envie au maire de mon village. Seule-
» ment il faudra venir les chercher.

» — Où cela?

» — A Barbizon, parbleu! Et souvenez-vous
» que je n'aime point les apparitions. Bon gré mal
» gré, vous devrez vous installer dans mon ermi-
» tage, et y rester pour faire pénitence... Le plus
» longtemps sera le mieux! »

Par malheur, en ce monde, on n'est pas précisément libre d'exécuter à jour fixe tous les projets que l'on forme. L'aimable invitation du grand artiste me fut renouvelée à plusieurs reprises. Mille et un obstacles survinrent. Toujours le temps me manquait pour aller lui demander la fameuse paire de sabots. Enfin, cependant, j'ai pu me rendre à Barbizon, et je vais avoir aujourd'hui, cher lecteur, le plaisir de vous raconter mon voyage.

Mais, par exemple, il me sera permis de m'arrêter quelquefois en chemin, pour faire l'école buissonnière dans le champ verdoyant des digressions (1)!...

II

Les environs de Paris (tant vantés) sont, en général, un peu trop *arrangés*. On y abuse du *convenu*, des amours frelatées et bruyantes, des bals « champêtres », des refrains banals et égrillards, de la friture de goujons et du « lapin » sauté. Le dimanche surtout, ils me semblent à peu près insupportables. Les pauvres arbres y sont rôtis avant l'heure et bien vite tout gris de poussière : hélas! ils essayent de vivre à cinq minutes de chemin de fer du « foyer » de la civilisation, et ce voisinage, — il faut l'avouer, — nuit singulièrement à leur santé!

Barbizon, plus favorisé, grâce au ciel! est situé à trois lieues au delà de Melun, et sur la lisière de la forêt de Fontainebleau. On fait en une heure et quart ces douze kilomètres, dans une voiture jaune citron, assez mal close, mais dont l'automédon, vigoureux gaillard au teint fleuri, à l'œil émerillonné, garde invariablement sa belle humeur.

---

(1) Ces souvenirs, qui datent d'environ vingt ans, ont été publiés du vivant de J.-F. Millet.

Ce petit village, qui compte à peine cent maisons, est un *vrai* village, d'un aspect vivant et pittoresque.

Chaque chaumière, tapissée de pampres ou de glycines au feuillage en éventail, est précédée ou suivie d'un jardinet, entouré d'une haie d'aubépines, et dans lequel la rose, — sans craindre de se compromettre, — tient volontiers compagnie au chou frisé et à la romaine.

Toutes les physionomies sont avenantes, tous les cœurs sont épanouis; toutes les portes peuvent être ouvertes du dehors par le premier venu, la nuit aussi bien que le jour, car, dans cet heureux village, nul ne redoute les voleurs, puisque jamais, de mémoire d'homme, on n'y en a vu un seul.

A neuf heures, Barbizon est complètement endormi; avant quatre heures du matin, tous les habitants seront sur pied. Il faut aller s'occuper des champs!

Les « petites dames » sont inconnues dans ce pays perdu, où l'on ne trouve même pas un émule de Figaro.

En revanche, on y boit du lait sans mélange, et l'on s'y procure aisément des œufs frais et des fruits délicieux.

Là, tout le monde travaille; chacun sait se contenter de peu, la politique ne préoccupe personne, et pas une misère ne vient assombrir le tableau.

Vous le voyez, Barbizon est bien loin de Paris !

A partir de Melun, la route qui conduit à ce paradis terrestre est ravissante. Les villages de Dammarie et de Chailly ont un air coquet qui séduit à première vue. Des deux côtés du chemin, le voyageur contemple, sans se lasser, de longues files de marronniers, de pommiers et d'acacias, dont les nuances variées réjouissent l'œil.

M. Charles Jacque, le peintre ordinaire de la gent emplumée, et quelques autres artistes sincères, s'installent à Barbizon aussitôt le retour des hirondelles. Théodore Rousseau (1) a la même habitude.

Depuis plus de vingt ans, mon éminent compatriote François Millet y demeure toute l'année avec sa famille, et il ne se rend à Paris que si, par aventure, des affaires l'y appellent impérieusement.

Pour ce *paysan* au cœur droit, pour cet artiste original et convaincu, Paris est une ville fatigante et malsaine. Il trouve qu'on y respire mal.

---

(1) Mort à la fin de Décembre 1867. — Lors de mon séjour à Barbizon, rien ne faisait prévoir encore que ce grand peintre, que cet homme de cœur (auquel M. Sensier a consacré un si beau livre) serait, hélas! prématurément enlevé à la France et à ses nombreux amis.   A. P.

A-t-il tort?

Franchement, je suis tenté de lui donner raison.

III

Après avoir fait trois cents pas dans l'unique rue du village, en arrivant de Chailly, on rencontre sur la droite une maison peu élevée, littéralement couverte d'un épais manteau de clématites, de lierre et de jasmin de Virginie. La petite porte, jadis peinte en gris, et sans nul ornement, s'ouvre comme d'elle-même pour celui qui vient y frapper. La façade de ce logis modeste donne sur un vaste jardin tout rempli d'un attrayant désordre.

Les fleurs, les légumes, les fruits y croissent sans nul souci de la symétrie, et paraissent vivre et multiplier en parfaite intelligence. Deux rosiers blancs, curieux et sournois, escaladent les croisées; et une haie d'églantiers et de sureaux, enguirlandée de liserons, annonce le commencement du jardin, où se trouve, sur la gauche et au rez-de-chaussée, l'atelier du maître.

A la suite de l'enclos embaumé, la basse-cour, bruyante et riante. Puis un petit bois touffu, et tout à côté, à dix minutes de la maison, la forêt de Fontainebleau, l'immense forêt de Dennecourt et d'Obermann, verdoyante, ombreuse, pleine de bruits vagues et harmonieux ou d'éloquents silences.

La forêt, avec ses mille aspects, tous admirables ; avec ses éclaircies souriantes, ses perspectives inattendues, ses frémissements, ses tapis de mousse soyeuse, ses genévriers d'une odeur si pénétrante, ses rochers gigantesques bronzés par les siècles ; la forêt, avec ses profondeurs infinies, ses mystères impénétrables, sa majesté sereine, immuable, éternelle.

La forêt si belle, si splendide, à toute heure, en tout temps ! Le matin, au lever du soleil, quand les rayons, filtrant à travers les branches, font des taches lumineuses sur la mousse ; la nuit, argentée par le clair de lune ; dès Avril, avec son feuillage si tendre et les bondissements joyeux de ses hôtes ; en automne, avec ses masses imposantes de verdure variée, aux teintes inimitables ; l'hiver enfin, lorsque siffle la bise, sombre, dépouillée, couverte de neige éblouissante ou d'un givre scintillant, et remplie de gémissements lugubres...

Dois-je l'avouer ? je n'ai jamais parcouru la forêt de Fontainebleau sans me surprendre à sourire, de bon cœur, des prétentions du bois de Boulogne, cette forêt en miniature, émaillée de biches et de gandins, ce bois joujou, coquet, arrosé, aligné, peigné soigneusement, et rasé de frais comme un nouveau marié.

IV

Certain jour, — il y a de cela sept ou huit ans, — un chroniqueur Parisien fit une visite à M. J.-F. Millet.

La semaine suivante, il racontait, sans mauvaise intention, ses « impressions de voyage, » et, décrivant la maisonnette du célèbre artiste, il l'appelait une *villa*. M. Millet l'apprit par hasard, et son étonnement fut grand. « Une *villa!* Bon Dieu! ma chaumière est une villa? Mais, à ce compte, mes sabots en noyer sont des bottines de chez Thonnerieux, et mon chapeau porte, à mon insu, la marque illustre : Pinaud et Amour!... Une *villa?* quelle étrange idée!... »

Et, en effet, je l'atteste, le logis hospitalier du peintre des *Glaneuses* ne mérite point un semblable affront. Ce nid, blotti dans le feuillage, amoureusement tapissé de verdure et de fleurs, doré par le soleil, plein de parfums et de chansons, — et où les corbeaux mêmes, devinant qu'ils se trouvent chez un sincère ami de la nature, s'apprivoisent et viennent manger dans la main, — est bien réellement une chaumière, — plus enviable, à coup sûr, que bon nombre de luxueuses villas et de palais!

« Le toit s'égaye et rit! »

La maison est vaste, — très vaste, quoique

n'ayant pas beaucoup d'apparence, — mais la famille est nombreuse.

Dieu bénit les grandes familles, dit le proverbe.

M. François Millet a toujours été de cet avis. Son père avait neuf enfants; il en a neuf à son tour, tous vigoureux, tous aimables, tous adorés.

Dès l'aube, ce petit monde, heureux et insouciant, babille et gazouille à l'envi, faisant ainsi concurrence aux oiseaux du voisinage.

Dans la journée, les jeunes filles travaillent au fond du petit bois, ou bien à l'ombre des sureaux et des lilas du jardin. La charmille est, sans cesse, pleine de rires argentins et frais qui épanouissent l'âme et font aimer la vie.

Le père entend, de son atelier, ces bruits confus et charmants.

Ils sont, pour lui, une force et une espérance. L'artiste interrompt parfois l'ébauche commencée, et, souriant doucement, il songe! Il songe qu'à deux pas de sa retraite cette famille aimée, qui travaille et qui chante, est heureuse parce qu'il est là, et l'inspiration aussitôt lui arrive plus brillante encore qu'auparavant.

Si, de loin en loin, un peu de lassitude, un léger découragement l'assombrissent, il ouvre la porte toute grande et court à ses enfants. Il embrasse l'un, il jase avec l'autre. Il entrevoit, dans la pénombre, sa femme qui travaille, elle aussi, alerte et rieuse, et bientôt après, ayant repris sa palette, réconforté, rajeuni, plein de foi ardente et d'enthousiasme, il signe une belle page de plus.

Toute la famille respecte les études et les méditations du maître. La porte de son atelier n'est presque jamais close; mais personne ne voudrait y pénétrer sans autorisation. Bien qu'aucune recommandation spéciale n'ait été faite, les plus petits comme les plus grands modèrent soudain le bruit de leurs pas et de leurs voix, en passant à côté de ce sanctuaire de l'inspiration et du rêve, et j'ai entendu, moi qui vous parle, la brune Jeanne, qui aura sept ans aux cerises prochaines, dire en mettant son doigt mignon sur sa bouche rose : « Chut! » papa travaille! »

V

M. François Millet, qui est né à Gréville, non loin de Cherbourg, doit avoir à présent environ cinquante ans. L'excellent artiste a gardé religieusement le souvenir de son village agreste, dont les chaumières moussues sont éparpillées çà et là au bord de la mer.

Le choc régulier et majestueux des vagues contre les rochers granitiques de la plage, le murmure solennel du flux et du reflux, les gémissements du vent dans les pommiers et les chênes, furent les premiers bruits qui frappèrent son oreille, et ces magnifiques spectacles, en quelque sorte éternels, lui ont laissé une impression profonde et profitable. La vie des champs lui a toujours semblé la seule véritablement normale et digne d'être enviée.

M. Millet est à la fois un philosophe et un poète, doublés d'un père de famille qui adore la belle humeur, la franchise et la simplicité. Sa figure sympathique, et bien éclairée, fait deviner de suite une cordialité sans le moindre apprêt. Cet artiste *du Danube,* aux cheveux bouclés, à la barbe grisonnante, possède une étonnante mémoire et une érudition de bon aloi qui perce à son insu.

Ses livres favoris sont la Bible, les œuvres de Théocrite, qu'il préfère même à son cher Virgile, et celles de Shakespeare, de Chateaubriand, de Victor Hugo et de Bernardin de Saint-Pierre. Il admire beaucoup aussi Lamartine. Balzac, dont il apprécie néanmoins les puissantes qualités d'imagination et d'observation, lui paraît, en somme, diffus et malsain.

Je me proposais de raconter ici l'une de nos causeries matinales, en forêt, les pieds dans la rosée; mais, après mûre réflexion, j'y renonce. Je craindrais trop de défigurer maladroitement le langage élevé et concis de mon interlocuteur.

Ennemi juré de la phraséologie, Millet estime qu'en général les plus courtes descriptions sont les meilleures. Ses expressions sont toujours empreintes d'une originalité pénétrante : le pittoresque et l'imprévu le séduisent. Aimant le vrai, avant tout, par-dessus tout, le *convenu* lui inspire une antipathie insurmontable. On l'a accusé fréquemment de réalisme exagéré et de parti pris. Il n'est cependant point systématique, et son amour pour la nature, dont il comprend et explique à merveille les splendeurs, est assurément bien sincère.

VI

Peu soucieux de la mode du jour, le peintre du *Paysan à la houe,* de la *Tondeuse de moutons* et de l'*Angelus* (1), ne prodigue point à toute heure et à tout venant le titre d'*ami*. En revanche, pour ceux qu'il a choisis, son dévouement demeure inaltérable. Il fuit avec soin ces fâcheux maudits, ces parasites fatigants, à la tête vide, au cœur sec, à l'estomac d'autruche, qui pullulent à la campagne et à la ville, et que Victorien Sardou a flagellés si vigoureusement dans sa belle comédie des *Intimes*.

---

(1) Donnons un curieux exemple des prix atteints par les superbes productions du maître : A la vente Wilson (Mars 1881), l'*Angelus* a été payé 160,000 francs. Depuis, M. Secrétan l'a acheté 240,000. — Ce tableau avait coûté naguère, à M. Alfred Stevens, 2,500 francs seulement !

C'est surtout à sept heures, au moment du souper, que se révèlent les charmes paisibles de l'intérieur patriarcal du maître.

Autour de la table de famille, abondamment servie, les enfants sont assis, ébouriffés et souriants. A côté des plus grands sont placés les petits, dont on s'occupe avec une touchante sollicitude.

Le père préside gaiement, ayant en face de lui la mère attentive et infatigable. J'ai vu souvent, pendant ces repas, une fillette de six ans à peine faire manger sa sœur, qui ne parle pas encore, avec une grâce et un sérieux vraiment adorables. Les égoïstes ignoreront toujours quelle douce magie exercent sur les cœurs ces petites têtes blondes ou brunes, malicieuses et heureuses!

Le souper terminé, les trois plus grandes sœurs, — de belles jeunes filles de quinze à dix-huit ans, — reprennent allègrement un délicat travail de lingerie ou une tapisserie attrayante, tandis que l'auteur du *Semeur* et du *Repos* fait sauter à loisir sur ses genoux, « au pas, au trot, au galop! », en fredonnant une rustique chanson Normande, la mignonne Jeannette, la rieuse Marianne ou Georges le turbulent.

D'autres fois, il fait la lecture à haute voix, ou bien il raconte de fantastiques histoires, et tous les yeux alors, fixés sur le narrateur, expriment successivement l'anxieuse curiosité et la joie naïve, au fur et à mesure que les péripéties du récit deviennent palpitantes ou joyeuses.

Quand la soirée est belle, on entreprend souvent une courte excursion, en jasant et chantant, du côté du *Chêne du roi,* ou dans un petit coin de la forêt, voisin de la maison, planté de pins, parsemé d'énormes rochers couverts de gramen, et que la famille de M. Millet a baptisé la *Forêt-Noire,* à cause de son aspect sauvage, sombre et grandiose.

VII

Avant de conquérir la réputation brillante et méritée dont il jouit, — en dépit des critiques amères et injustes, — M. François Millet a, naturellement, supporté de pénibles et longues épreuves. L'amour du foyer et l'amour de l'art l'ont soutenu; il doit à ces auxiliaires puissants d'avoir gagné la bataille.

Il faut, tout d'abord, au penseur, au poète, à l'artiste convaincu qui cherche à se faire un nom, de l'énergie, de la persévérance et de la foi. S'il est marié, et si sa vaillante femme l'aime et le comprend, il est sauvé. On accomplirait des miracles dans ces conditions d'existence. On est pauvre? qu'importe! On a des obstacles à vaincre, des déceptions à subir? qu'importe encore! la jeune femme est là, courageuse et riante, sans cesse sur la brèche, veillant à toutes choses, prenant sa part des chagrins du travailleur acharné, applaudissant à ses efforts, le conseillant, l'inspirant, le réconfortant à l'aide d'un regard ou d'un sourire !... Ah ! les douces émotions, les saintes récompenses ! et que de fois le succès arrive, radieux et triomphant, après ces luttes opiniâtres, — lorsque l'ange du foyer est resté fidèle, jusqu'au bout, à sa mission si noble d'abnégation et de dévouement ! Rien ne vaut, pour l'ouvrier de la pensée, cet amour profond et vrai qui réchauffe son âme et qui l'enivre. La compagne de sa vie est son ange gardien !...

Laissez-moi vous citer Marie de la Villéon, la jeune et charmante femme d'un admirable poète Breton, Hippolyte de la Morvonnais. Voici ce qu'elle écrivait à son mari dans les premiers temps de leur union, en Mars 1833 :

> « *Tu me parleras souvent de ce que tu fais, de tes projets ; tu me liras toutes tes poésies. Je rêverai avec toi à l'avenir qui semble s'éclaircir ; nous nous promènerons sur nos côtes, sur nos grèves, dans notre joli petit bois, où le chant d'un oiseau, une fleur nous arrête ; nous parlerons de ceux qui sont loin. Nous redirons ensemble ce qu'ils nous ont confié de charmant, de si doux à notre souvenir...* »

Croyez-moi, c'est à coup sûr Mme de la Morvonnais qui, en s'associant de cœur à la vie intellectuelle, aux études du poète, lui a inspiré les plus délicieuses pages de sa *Thébaïde des Grèves,* un chef-d'œuvre, — pour ainsi dire, hélas! inconnu aujourd'hui.

Je me souviens d'avoir entendu, certain soir, un dialogue touchant dans un jeune ménage Parisien. Le mari, qui travaillait alors sans trêve, est à présent l'un de nos plus célèbres auteurs dramatiques, accoutumé, — depuis longtemps déjà, — aux applaudissements chaleureux.

« Mon ami, » disait Mme ***, « décidément nous
» avons besoin de grands rideaux pour la salle à
» manger.

» — Tu crois?... Après tout, c'est très pos-
» sible. Le luxe est en train de devenir une impé-
» rieuse nécessité! Il faut, bon gré, mal gré,
» suivre le courant... Eh bien! écoute. Si *notre*
» pièce, dont la première représentation doit avoir
» lieu demain, obtient quelque succès, nous achè-
» terons des rideaux, de beaux rideaux, bien
» amples, en perse bleue, avec des bouquets de
» fleurs des champs. »

L'aimable femme battit des mains et sauta au cou de son mari.

La pièce (c'était une comédie, une perle fine!) resta pendant tout l'hiver sur l'affiche d'un théâtre de genre.

Les rideaux si simples, accordés à Mme ***, lui ont fait, je gage, plus de plaisir que de précieuses dentelles n'en auraient causé à certaines femmes coquettes et frivoles, qui morcelleraient volontiers la dot de leurs enfants pour se faire habiller par le *couturier* en vogue.

VIII

Revenons à l'ermite de Barbizon.

Quand je suis arrivé chez M. Millet, un grand paysage Normand et trois immenses panneaux, — destinés à un très brillant hôtel Parisien, — étaient en cours d'exécution. Parlons d'abord du paysage, qui m'a semblé une véritable merveille. Il reproduit un site pittoresque des environs de Gréville.

Au fond, un splendide rideau d'arbres; plus près, des chaumières ; vers la gauche, un sentier ourlé de murs bas, en pierres sèches, et qui monte, serpente, et se perd dans le lointain d'une façon ravissante. De chaque côté du chemin, un pré verdoyant, rempli d'une herbe épaisse et luisante.

Le soleil inonde diverses parties du paysage, et produit, çà et là, des effets d'une vérité qui frapperait même les indifférents en matière d'art. Sur le premier plan, des canards barbotent dans un ruisseau, et deux ou trois bœufs ruminent à l'ombre d'une haie d'aubépines.

Il est impossible de rien rêver de plus reposé, de plus vrai et pourtant de plus poétique, que ce paysage, traité avec beaucoup de vigueur et de sentiment. Après quelques minutes de contemplation, on se trouve transporté dans le joli sentier dont j'ai parlé, et, en dépit de la bordure du tableau, l'horizon paraît s'étendre à l'infini.

Je cède vite au désir de commettre également une indiscrétion à l'égard des trois panneaux, qui étaient presque terminés lorsque je les ai admirés. Ils représentent : le *Printemps,* l'*Été* et l'*Hiver.* Le plafond n'était pas encore commencé.

Daphnis et Chloé, — ces candides enfants qui personnifient si bien le chaste et délicieux premier amour, — ont été choisis par l'illustre artiste pour figurer la douce saison du renouveau, le temps heureux des rossignols, des fraises parfumées, du lilas et des roses.

Au loin, on entrevoit, à gauche, la mer calme et bleue. Dans le ciel azuré, pas un nuage orageux. Daphnis, assis sur un banc de mousse, au pied d'un autel rustique, élevé, au milieu des arbres, en l'honneur du vieux Pan, offre timidement à Chloé un nid qu'il vient de dérober dans le bois voisin. La blonde et vermeille Chloé, à genoux devant l'adolescent, caresse de la voix les petits oiseaux un peu effarés, et ses lèvres s'arrondissent gracieusement, tandis qu'elle les cajole avec une adorable naïveté, afin de les encourager à la confiance. Les deux pauvres enfants ne savent rien encore de la vie, et le génie du peintre se révèle surtout dans l'expression charmante qu'il a su donner à ces chers ignorants.

L'*Été* nous montre la pacifique et généreuse Cérès, au teint hâlé par le soleil d'Août. Son front large est orné d'épis ; elle apparaît, debout, la faucille en main, vigoureuse et pleine de majesté tranquille. Dans le lointain, on aperçoit des paysans sciant le blé, tandis que d'autres font des gerbes, et, plus près, l'œil s'arrête sur des moissonneurs endormis, qui, certainement, ont succombé au sommeil à cause de l'excessive chaleur. Aux pieds de la rustique déesse se trouvent des sacs de son, et des pains entassés dans une corbeille d'osier.

En regardant le panneau de l'*Hiver,* on se surprendrait volontiers à grelotter. — La neige couvre la terre. L'Amour glacé, frissonnant, erre à l'aventure, cherchant un abri. Hélas ! le pauvret peut-être va mourir ? Oh ! non, rassurez-vous. Une femme a entendu ses plaintes ; elle a ouvert la porte de son humble logis hospitalier. Elle se penche vers l'enfant-roi, pâle d'anxiété et de froid ; elle l'entoure de ses bras, elle va l'envelopper dans les plis de son vêtement pour le réchauffer... Le vieil Anacréon, couronné de lierre, accourt, lui aussi ; il l'appelle, il l'encourage... Un feu clair et pétillant flambe dans l'âtre... Allons, l'Amour l'aura échappé belle, — mais le malin dieu sera sauvé !

Je ne vous dis rien des ébauches vigoureuses et variées, ni des *marines* splendides peintes par François Millet, d'après des souvenirs de son cher village. Je n'en finirais pas, si je voulais essayer d'énumérer ici toutes les richesses artistiques que renferme sa maison.

IX

Le quatrième jour de mon pèlerinage à Barbizon, j'accompagnai mon hôte chez son fidèle ami et voisin, l'auteur de l'*Allée de Châtaigniers*.

Nous trouvâmes l'habile paysagiste dans son atelier, situé au premier étage, et dont la fenêtre, encadrée d'une épaisse guirlande de lierre, donne sur un délicieux point de vue. Théodore Rousseau mettait la dernière main à une toile de dimension moyenne, pleine de soleil et de calme heureux... Au milieu, un buis énorme abrite un four communal. Sur le premier plan, des bruyères, des mousses, d'un fini d'exécution séduisant et inimitable. Au fond, tout au fond, à droite, le clocher du village; à gauche, une chaumière dont la porte est ouverte... Partout une douce lumière. On devine aisément que les habitants de ce pays béni connaissent le bonheur paisible, et qu'ils sont dignes de l'avoir pour hôte assidu.

Le grand peintre nous montra, avec beaucoup d'obligeance, diverses ébauches vraiment belles représentant des sites de la forêt de Fontainebleau. Le *Dormoir*, entre autres, nous parut d'un merveilleux aspect.

Mon attention, je le confesse, fut distraite à plusieurs reprises, et voici pourquoi :

Une jeune fille, au regard limpide comme celui des madones du Sanzio, se trouvait, en même temps que nous, dans l'atelier de Théodore Rousseau. Appuyée sur le bras de son père, la blonde visiteuse contemplait, radieuse et tranquille, le tableau placé sur le chevalet, et, par instants, l'artiste charmé oubliait son œuvre pour admirer cette éblouissante et candide jeunesse, qui lui apparaissait comme une vision souriante du printemps en fleur.

Debout auprès d'eux, la mère,— l'âme pleine de tendresse et de sérénité, — regardait tour à tour le tableau... et sa fille . . . .

X

Divers motifs réclamaient impérieusement ma rentrée à Paris, dans un assez bref délai. Deux ou trois fois déjà, cédant à de cordiales instances, j'avais prolongé mon séjour. Il fallait cependant se décider à dire adieu au village et à ses aimables habitants. — « Non, pas adieu, » s'écriait Millet, « mais au revoir ! »

Hélas ! lorsqu'on s'en va, sait-on jamais si l'on pourra revenir ?

La veille du jour définitivement fixé pour le départ, en un petit quart d'heure, mon hôte, enfermé dans son atelier, avait dessiné à la plume la fameuse *paire de sabots* qui m'était promise.

Ce croquis révèle la puissance, l'originalité réelle de l'artiste. Au bas du dessin se trouve une dédicace sincère, qui me le rend plus précieux encore.

Le lendemain, dès l'aube, je quittais Barbizon, en emportant le souvenir ineffaçable de cette charmante hospitalité gauloise, si rare aujourd'hui... et mes chers sabots rustiques !

*
* *

A présent, l'avouerai-je ? je ne suis pas précisément sans inquiétude.

Mon ami, M. François Millet, est, avant tout, partisan du travail et de la simplicité. Il fuit le bruit, il n'aime point la foule, et ces pages rapides, reflet exact de mes impressions, gêneront peut-être un peu sa modestie de bon aloi. Qu'il me pardonne, cependant.

J'ai cédé, tout naturellement, au désir d'esquisser tant bien que mal le profil d'un artiste excellent, dont les heures sont si heureusement remplies par l'amour de l'art et par l'amour de la famille.

J'ai commis quelques indiscrétions à propos de M. J.-F. Millet,—à son insu,—et je m'en accuse.

Mais j'invoque le bénéfice des circonstances atténuantes.

Il me semble, en effet, qu'un coup d'œil jeté sur cette existence d'un véritable artiste,—existence si intelligemment occupée et si paisible, — peut offrir de l'intérêt.

Une pareille vie doit être pour beaucoup un exemple salutaire.

Cette étude est celle dont Millet parle dans la charmante lettre reproduite, en partie, ci-après. Ces pages sincères parurent, pour la première fois, en Novembre 1867, sous ce titre : HISTOIRE D'UNE PAIRE DE SABOTS, *Souvenirs de Bar-*

'bizon. Un illustre académicien, M. Octave Feuillet, qui a été longtemps bibliothécaire du palais de Fontainebleau, les ayant louées chaleureusement, on me permettra de citer son appréciation si bienveillante :

« ...La remarquable étude de M. Alexandre Piedagnel,
» sur Millet et sa famille, a renouvelé très agréablement
» les impressions que j'ai rapportées de ce beau pays. Les
» aspects doux et sévères des grands bois, l'atelier de l'ar-
» tiste, son talent, son caractère, son intérieur, tout cela est
» peint avec une émotion et un charme qui se commu-
» niquent. »

Jean-François Millet, le peintre de l'*Angelus* et du *Semeur*, né à Gréville (au hameau de Gruchy), près de Cherbourg, le 4 Octobre 1814, est mort à Barbizon (Seine-et-Marne), le 20 Janvier 1875. Son corps repose dans l'agreste cimetière de Chailly. L'excellente famille du maître habite toujours le village de Barbizon. (Novembre 1885.)

A. P.

« Barbizon, 24 Novembre 1867.

» MON CHER PIEDAGNEL,

» *Je vous prie bien fort de me pardonner d'être resté si longtemps sans vous dire combien j'ai été touché de votre histoire d'une paire de sabots, et aussi de la lettre que vous m'avez écrite.*

» *Quand je vous dirais, pour m'en excuser, toutes les choses qui ont pu aider ce retard, je n'avancerais en rien mon affaire. Je m'avoue coupable du : remettre au lende-*

main. J'avais la bonne intention, pourtant. Mais je me rappelle que ma grand'mère me disait autrefois : « *Mon pauvre* » *François, l'enfer est pavé de bonnes intentions.* » *S'il en est ainsi, je me vois destiné à devenir un des pavés dudit lieu. Ne me laissez donc pas, faute de pardon, je vous en prie encore, arriver à une telle destination.*

. . . .

» *Je suis en étrange position pour vous parler de votre travail sur les sabots et le sabotier. Si je dis que c'est bien : — Ah! c'est qu'il y est un peu question de lui! Si, pour faire de la modestie, j'allais dire que c'est mal? Ce serait frapper sur le dos de l'auteur de l'article, et cela ne semblerait à personne ni vrai ni honnête. Pris ainsi, je formulerai ainsi ma pensée : Cela me paraît plein de cœur!*

» *Recevez, je vous en prie, le bonjour de toute la famille, pour vous et Madame Piedagnel, en attendant qu'on se voie...*

» *De moi particulièrement, recevez une bonne poignée de main.*

» J.-F. MILLET. »

DEUX HEURES CHEZ BÉRANGER

SOUVENIRS DE LA VINGTIÈME ANNÉE

DEUX HEURES CHEZ BÉRANGER

A mon ami don Antonio G., a la Havane

'AI toujours eu le culte du souvenir : cette charmante religion console et fortifie dans les moments de lassitude et de découragement!

A mon avis, parmi les prérogatives sans nombre accordées à l'homme ici-bas, l'une des plus ravissantes, c'est la faculté de rétrograder par la pensée vers les anciens jours de bonheur; de pouvoir, — tout éveillé, — s'entourer de songes riants, d'images gracieuses et chères : nuages aux teintes matinales, émotions bénies d'un temps à jamais disparu, — et qui dureront toujours, grâce à la puissance vraiment magique du souvenir.

De pareilles joies sont rebelles à l'analyse... Souvent, au bruit harmonieux et confus de la chanson lointaine des espérances, des amours, des illusions d'antan, la paupière devient humide; et une douce larme, tiède rosée du cœur, consacre l'impression ressentie.

L'existence serait bien triste, si l'on ne pouvait repasser en sa mémoire les heures de soleil pour mieux supporter les orages! Mais ces bonnes choses ne s'effacent point; Dieu ne l'a pas voulu.

Le temps a beau marcher, — se traîner ou courir, suivant les jours que la Providence nous donne, selon la pluie qui tombe ou le chaud rayon qui sourit, — *on se rappelle!* et c'est là peut-être le meilleur de la vie.

. . . .

Je veux vous raconter aujourd'hui une longue visite que je fis, certain samedi, — quand j'avais vingt ans, — au poète national Béranger, l'illustre chansonnier.

Écoutez-moi bien. Je vous vois d'ici me regardant, puis souriant doucement, tout en roulant une blonde cigarette, — et je commence, charmé d'avoir un auditeur aussi attentif.

En revenant d'un voyage dans le Bourbonnais, je désirais passer quelques semaines à Paris (Eden qui m'était inconnu!), avant de rallier Cherbourg, où j'habitais alors.

A Vichy, un aimable buveur d'eau, connaissant ma juvénile admiration à l'égard de l'auteur des *Hirondelles,* m'avait gracieusement offert une lettre pour lui. Elle fut acceptée sans hésitation et avec reconnaissance, comme vous le pensez bien! Dès le lendemain de mon arrivée dans la « grande ville, » je voulus me rendre chez le célèbre vieillard.

Ce jour-là, — je n'aurai garde de l'oublier jamais, — c'était le 9 Septembre 1854.

Vers midi (heure indiquée), je quittai mon modeste logis du quai Voltaire pour me faire conduire dans les Champs-Élysées, au n° 5 de la rue Chateaubriand.

Un soleil magnifique inondait Paris de flots dorés de lumière, et, sur ma route, tout le monde, — jeunes et vieux, gens affairés et flâneurs, — me paraissait heureux; — pas aussi heureux que moi, cependant!

Comme le cœur me battait, mon pauvre Antonio, en frappant enfin à cette porte! Quelques secondes encore, et j'allais franchir le seuil de *sa maison.*

Une jeune bonne, accorte et gentille, vint m'ouvrir, et m'introduisit dans un appartement meublé avec simplicité, et que je vous décrirai en deux ou trois lignes.

Une grande fenêtre au fond, garnie de rideaux

en damas jaune; la porte d'entrée en face de la fenêtre; une pendule ronde, sans ornements, accrochée au mur; le poêle de faïence dans un coin, à droite de la porte. Sur la table, le déjeuner de Lisette, se composant d'un bol de café au lait; çà et là, quelques chaises très simples, dont l'une, devant le guéridon, attendait le poète; un grand fauteuil rembourré complétait le mobilier.

Au moment où j'entrais, Mme Judith Frère, la fidèle compagne du chansonnier, fermait les rideaux de damas. Pour tempérer davantage l'éclat d'un soleil envahissant, elle les recouvrit d'une étoffe noire et légère, qui fut attachée avec des épingles; puis, après m'avoir accueilli gracieusement, elle vint s'asseoir dans son immense fauteuil, sa chaufferette sous les pieds. Tout à côté de la « bonne vieille, » son angora sommeillait voluptueusement, pelotonné sur un petit tabouret en tapisserie.

Il me semble que c'était hier que je contemplais ce tableau d'intérieur !

Je crois revoir cette douce figure respirant la bonté et le calme, belle encore avec son clair regard et ses larges bandeaux argentés, qu'un bonnet, orné de touffes de tulle blanc, encadrait si bien.

Nous causâmes ensemble, tout d'abord, du poète du *Dieu des bonnes gens*, de mon admiration pour

lui, de sa biographie par Eugène de Mirecourt...
« pleine d'inexactitudes et peu goûtée de Béranger, »
me dit Lisette. — « Depuis qu'*il* ne travaille plus, »
ajouta-t-elle avec tristesse, « il est souffrant. Pour-
» tant la promenade lui fait un peu de bien ; chaque
» jour de soleil, il va dans les Champs-Élysées, et,
» pendant une heure ou deux, dans l'après-midi,
» marchant à pas lents, il songe au passé, inter-
» rompant volontiers sa rêverie pour s'intéresser
» aux jeux bruyants des enfants qui l'entourent...
» Il a toujours adoré les enfants ! »

Au bout d'un quart d'heure à peu près, Béranger
parut à l'entrée de la salle à manger.

Quel charmant vieillard, et quelle belle figure
d'honnête homme ! La bouche souriante d'un fin
sourire, ses cheveux gris s'éparpillant joyeusement
autour de son front... le regard si doux et si vif
tout à la fois. Tant de franchise et de cordialité !
— Un grain de malice, avec une vivacité si originale, et tant de simplicité vraie !

Je le vois encore, enveloppé dans sa robe de
chambre grise, son bonnet de velours noir légèrement incliné en arrière, — me faisant asseoir près
de lui et de la Lisette qu'il a chantée dans des vers
immortels.

« Mon cher enfant, » me dit-il, en tenant mes
mains dans les siennes, et dès que Lisette l'eut mis

au courant de la situation, « vous êtes le bienvenu
» chez le vieux chansonnier. Mais prenez bien
» garde à l'écueil ! Ne me faites pas, vous aussi,
» l'éloge pompeux de mes pauvres couplets éphé-
» mères. Que voulez-vous ? Franchement, je ne
» crois point à ma gloire, à propos de refrains qui
» passeront avec moi ! Je ne puis guère m'imaginer
» que l'on y songe encore, et vous m'étonneriez
» beaucoup en me parlant de célébrité. Allons
» donc ! Faisons mieux, causons d'autre chose !... »
Et il riait.

« Admettons, » continua-t-il, « admettons, —
» pour un instant, — que je sois le roi de la chanson.
» Eh ! qu'est-ce au fond qu'une pareille royauté ?
» N'avons-nous pas, en France, dans des genres infi-
» niment supérieurs, des génies auprès desquels je
» suis moins que rien ? Montaigne, Corneille,
» Molière, et tant d'autres ! En voilà des gloires !...
» Mais des chansons frivoles, souvent mauvaises,
» quoi que vous en disiez, sont un mince bagage
» pour aller à la postérité !... »

Il regarda Lisette avec une émotion contenue :
« J'ai mal dormi cette nuit », lui dit-il ; « j'ai eu
» la fièvre, et un mal de tête presque continuel... »
Puis, se tournant vers moi, il ajouta :
« Quand j'étais jeune et que j'avais la migraine,
» ce qui arrivait souvent, je recourais au remède
» de ma vieille grand'mère : je mangeais, et le

» malaise passait. A présent, ça ne réussit plus,
» mais je suis vieux! Vous le voyez, les poètes, —
» les prétendus grands poètes eux-mêmes ! — sont
» sujets aux misères humaines. En vérité, cela ne
» devrait pas être. N'est-ce point votre avis ?... —
» Allons, plus d'éloges, plus de compliments, c'est
» signé !... ou je vous gronderai bien fort...

» Mon cher enfant, les flatteries me gâtent !...
» Vous me gâtez ! » répétait-il un peu plus tard,
en me serrant la main. « Nous nous brouillerons,
» c'est sûr.

» — Mais enfin, je ne suis pas seul à admirer
» vos chansons, » répliquai-je un peu vivement.
« Veuillez remarquer que, parmi vos fidèles enthou-
» siastes, s'il y en a beaucoup d'obscurs, comme
» moi, par exemple, il y en a aussi un grand
» nombre dont le jugement fait autorité, et vous
» aurez beau vous débattre, il faudra bien vous
» résigner... Tenez, Benjamin Constant, qui devait
» s'y connaître, ne l'a-t-il pas dit et redit : Parmi
» vos chansons, combien d'odes sublimes !...

» — Benjamin Constant n'était qu'une bête, »
me répondit le poète, toujours avec son bon rire :
« c'était mon ami. »

Puis, après une pause, il murmura en étouffant
un soupir :

« Pauvre Constant ! »

Depuis quelques minutes, la jeune bonne tournait autour de nous, allant et venant par la chambre, d'un air inquiet. Béranger s'en aperçut :

« Ah! parbleu, » s'écria-t-il, « j'oubliais la lettre
» de recommandation que j'ai promise, hier soir,
» pour le prétendu de cette brave fille. Il désirerait
» entrer dans les chemins de fer, et je veux l'aider
» autant que je le pourrai. Que l'on me donne
» bien vite tout ce qu'il faut pour écrire, comme
» diraient MM. Scribe et Bayard. »

Alors, cherchant lui-même et sans résultat, il se mit à rire de plus belle, et, se penchant vers moi :

« Quoi! » fit-il, « ni plume ni encre dans la
» maison d'un poète? c'est à ne pas y croire,
» assurément...

» — Ce n'est certes point ma faute! » interrompit gaiement Lisette. « Vous êtes toujours
» ainsi! un véritable nigaud qui ne sait jamais rien
» trouver. Ce n'était pourtant pas difficile; plume
» et encrier vous crevaient les yeux. »

Il écrivit sa lettre sur le coin de la table. Au bout d'un instant :

— « Voilà qui est fait. Jetez de suite cette lettre
» à la poste, ma chère, et je souhaite de grand
» cœur que nous réussissions. »

Au moment où il allait enfin attaquer son modeste déjeuner, un coup de sonnette l'obligea à se lever encore.

« Parbleu! » s'écria-t-il, en ouvrant la porte au

nouveau-venu, « c'est notre bon horloger. — Vous
» permettez, messieurs, que je me mette à table.
» Nous causerons tout de même, et à merveille.
» Asseyez-vous donc, monsieur Noël. Votre santé,
» maintenant, semble excellente! »

Je voulus me retirer; mais Lisette se joignit à Béranger pour me retenir cordialement, avec insistance.

Tout en déjeunant (son repas se composait d'un œuf à la coque et d'un verre de bordeaux), le poète parla longtemps ainsi, avec cette touchante modestie du vrai génie qui s'ignore; puis, toujours de sa voix douce et claire, il se mit à me donner des conseils paternels :

« Eh! c'est mon droit, » me disait-il, « puisque
» je suis vieux et qu'heureusement vous êtes
» jeune. Je ne vous contrarie pas trop en vous
» appelant : mon enfant? » ajoutait-il. « J'ai plus
» de trois fois votre âge et je serais aisément votre
» aïeul. J'aime la jeunesse, voyez-vous. Vingt ans,
» l'insouciance, les illusions dorées, la gaîté franche,
» expansive et bruyante; des chansons plein la
» tête, des amis qui vous aident à en chanter les
» refrains, beaucoup d'amour et peu d'argent :
» c'est là le bonheur... J'en ai su quelque chose,
» moi! Il y a bien longtemps!... »

Je n'essaierai pas, mon cher Antonio, de vous

raconter, par le menu, les deux heures délicieuses que j'ai passées sous le toit hospitalier du poète. Il me faudrait pour cela plus de loisir, et surtout un talent de narrateur, qu'hélas! je n'aurai jamais.

Enfin, il devenait opportun de terminer cette longue visite, bien qu'elle me parût très courte et que Béranger m'eût, avec bonté, retenu à plusieurs reprises.

Deux heures sonnaient, tandis que l'illustre vieillard, m'accompagnant sur l'escalier de sa demeure, me répétait d'un ton cordial :

« Merci pour votre bienveillance » (il appelait ainsi mon admiration!) « envers le chansonnier.
» Ne m'oubliez pas, mon cher enfant, quand vous
» reviendrez à Paris; nous causerons. Mais dépê-
» chez-vous, car je me fais vieux, et je ne puis plus
» guère compter sur un lendemain. »

Il disait vrai. Je ne l'ai jamais revu.

Quelques mois plus tard, je partais pour les Antilles et le Mexique. — Le « Dieu des bonnes gens » conserva trois années encore le poète national, à son pays qu'il adorait. Puis la France prit le deuil.

Notre navire allait quitter la Havane, lorsque le *Courrier des États-Unis* m'apporta la triste nouvelle.

. . . .

En sortant de chez Béranger, je me rendis

à Notre-Dame. Depuis longtemps, je désirais vivement saluer l'antique cathédrale célébrée par Victor Hugo, dans un des plus beaux livres que nous ayons.

Et le soir de ce grand jour — rempli d'émotions si diverses, — au théâtre de la rue Richelieu, j'applaudissais, pour la première fois, Rachel, Mme Allan, et le spirituel Régnier, dans *Adrienne Lecouvreur*.

—

Les *Souvenirs* sur Béranger qui précèdent, ont paru, d'abord, dans le *Monde illustré*, il y a environ vingt ans. Ils ont été reproduits plusieurs fois, notamment dans un journal Parisien, en 1867. C'est après avoir lu cette dernière réimpression qu'un véritable érudit, M. Thalès Bernard, — qui fut un des plus fidèles amis du poète national et de sa « Lisette », — m'adressa la lettre suivante. Quoique trop bienveillante à mon égard, je crois devoir la placer ici, parce qu'elle contient d'intéressants détails sur l'admirable chansonnier, jadis si populaire.

A. P.

« Paris, 13 Septembre 1867.

» *Je vous assure, cher confrère, que je n'ai besoin d'aucune des contraintes qu'imposent quelquefois les convenances ou la politesse, pour apprécier votre charmant récit sur Béranger... C'est absolument parfait de vérité...*

» *Le grand poète est photographié là avec sa Judith, comme si l'héliographie y eût passé. En vous lisant, je croyais encore entendre l'aimable chansonnier, et vous l'avez fait d'autant plus ressemblant que vous lui avez laissé cette petite manie qu'il avait de se défendre de toute prétention, pour avoir ainsi le droit de parler constamment de lui.*

» *Recevez mes compliments sur ce tableau d'intérieur, digne d'un Gérard Dow. S'il vous honore comme artiste, il vous honore également comme homme de cœur. Il est bien, au moment où tant d'ignobles injures, parties du pied même de la statue de la Démocratie (mais où n'y a-t-il pas des vils et des infâmes?), cherchent à diffamer le poète national, il est bien que ceux qui l'ont entrevu, dans son auréole de gloire et de bonté, transmettent leur impression à ceux qui n'auront pas le plaisir et l'avantage de le connaître.*

» *Béranger fut grand par la bonté, malgré quelques effondrilles qui lui venaient de son siècle et de son manque d'éducation. Sa grande qualité morale fut de conserver intacte sa sensibilité, qualité qui s'altère presque toujours dans la vie littéraire, où l'on devient facilement envieux ou farouche. Le peuple connaissait bien son poète ; il l'a pleuré, mais non pas par une figure de rhétorique; il l'a pleuré avec de véritables larmes. Je me rappelle toujours avoir vu rue Saint-Placide, des ouvriers et des femmes du peuple qui versaient des larmes silencieuses, pendant qu'un joueur d'orgue chantait une complainte : c'était deux jours après la mort de Béranger.*

» *Le phénomène le plus singulier fut la cessation de la vie dans Paris, lorsque ce cruel événement arriva. Les ateliers chômèrent pendant vingt-quatre heures, comme pour un jour de fête, mais l'attitude morne des travailleurs, assemblés en groupes aux coins des rues, indiquait une autre préoccupation que celle du plaisir; et, de temps en temps, une voix lamentable disait : Béranger est mort! Une telle consternation est un spectacle que je n'ai vu qu'une fois, et que je ne reverrai certainement jamais...*

» Permettez-moi, cher poète, en terminant, de vous remercier d'une si aimable sympathie pour un pauvre philosophe solitaire, et croyez à ma véritable affection.

» Thalès BERNARD. »

Béranger mourut quelques semaines après sa fidèle Lisette (Mlle Judith Frère), le 16 Juillet 1857. « Il expira assis sur un fauteuil, au milieu d'un orage étouffant, une foule immense amassée sous ses fenêtres », comme l'a écrit M. Macé de Challes, dans le *Figaro* du 13 Juillet 1885.

Ajoutons que c'est dans ce fauteuil (un voltaire en maroquin vert foncé), qui lui avait été légué par le chansonnier, que Jules Janin, ankylosé par la goutte, a passé toutes ses journées, pendant les dix-sept dernières années de sa vie.

LAMARTINE

LAMARTINE [1]

C'EST vraiment une belle chose, l'enthousiasme sincère ! Un jour, il me fut donné d'assister à une fête splendide de l'esprit, organisée à Paris, dans le but d'honorer la mémoire — impérissable — du grand poète auquel nous devons *Jocelyn* et les *Méditations*, et je ressentis une émotion profonde. — Une salle comble. Dix-huit cents personnes attentives, charmées, reconnaissantes, écoutant les beaux vers du maître, admirablement dits par des artistes con-

---

[1] Ce fragment est extrait d'une conférence littéraire, que l'auteur de ces Souvenirs a faite à Passy.

vaincus, à bon droit renommés. Que d'applaudissements chaleureux! Quelle passion généreuse et touchante; que de jeunesse ardente et de foi! Les bravos et les fleurs pleuvaient, les yeux se mouillaient, tous les cœurs battaient à l'unisson.

Chacun songeait à ce noble vieillard, endormi du dernier sommeil, après tant de souffrances amères patiemment subies; à ce génie sublime, dont la pensée radieuse fécondera encore bien des âmes, dont la Muse inspirée, tendre consolatrice, séchera encore bien des larmes, apaisera bien des douleurs.

O magique puissance de la poésie immortelle! Tous les spectateurs avaient vingt ans, au moment solennel où le buste de Lamartine fut couronné par les artistes d'élite qui personnifiaient ses plus ravissantes créations : *Elvire, Laurence, Jocelyn, Raphaël,* et par ceux que l'éloquent auteur de cette apothéose, M. Albert Delpit, avait chargés de représenter la Postérité, la Patrie en deuil et le Peuple Français.

Et tandis que la foule électrisée applaudissait, je me souvenais de cette bienveillance affectueuse et charmante, dont m'honorait le poète illustre que la France a perdu. J'évoquais cette figure, si rayonnante jadis, si abattue, hélas! durant les derniers mois d'une vie cachée, triste et solitaire. Cèdre majestueux, déraciné, meurtri par les orages !... par les déceptions, par l'ingratitude humaine ! O misère ! — A présent du moins, me disais-je, dans son cher pays natal, près de sa famille, endormie elle aussi, il repose en paix sous l'ombrage protecteur et riant de ses arbres favoris, à l'abri du mensonge et de la cruelle injustice ! Voilà, pour son génie, l'heure du triomphe éclatant qui sonne de nouveau. Enfin on se le rappelle ! cet écrivain, débordant d'harmonie, fut un grand citoyen, un homme héroïque — et il a bien mérité de la France !...

Nous causions, un matin, dans sa chambre à coucher. Assis tous deux, en face l'un de l'autre, auprès de la cheminée, je le regardais. Étendu dans son vaste fauteuil, il tournait le dos à la fenêtre. Un lévrier dormait paresseusement à ses pieds. Sa tête blanche, naguère si expressive, était un peu inclinée sur son épaule, comme s'il eût éprouvé une certaine fatigue à la porter. Elle avait créé tant d'œuvres admirables, elle avait contenu tant d'idées généreuses ! Un monde !

« Je ne fais plus de vers, » soupira-t-il (nous venions de parler de *Jocelyn*), « mais je les aime
» toujours... Qu'avez-vous composé, depuis notre
» dernier entretien ? — Un sonnet, » répondis-je en souriant. « Un sonnet... sincère. C'est même
» là, je l'avoue, son unique mérite. — Voyons,

» voyons, dites-moi cela. — Volontiers!... »

Et je lui lus, d'une voix émue, ces vers, crayonnés la veille :

Dans un baiser câlin, ma Muse rougissante,
A l'oreille m'a dit un nom connu de tous :
Synonyme charmant de gloire éblouissante,
De bonté, de génie, à la fois noble et doux.

Elle voudrait chanter, la fillette ignorante,
Ce poète immortel qui fait tant de jaloux!
L'auteur de *Jocelyn*, dont la voix pénétrante
Semble un écho du ciel arrivé jusqu'à nous.

On l'écoute, — et les pleurs se changent en sourire.
Il sait rendre meilleur! — Aux accents de sa lyre
On reprend l'espérance alors qu'on était las.

Aimons-le, mais sans bruit. Crois-moi, pauvre mutine,
Nous sommes trop petits auprès de Lamartine;
Ton bégaiement confus, — il ne l'entendrait pas.

— « Oh! si, » fit-il, en me serrant la main avec effusion, « mon cœur entend et remercie! Que » vous êtes heureux de posséder les illusions de la » jeunesse; vous croyez encore à la gloire... » Et, après un silence : « C'est le poète qui est las à » cette heure, et sa lyre est brisée!... »

Puis il sourit tristement, et murmura :

« Décidément, mon ami, croyez-moi, on a bien » tort de vieillir. »

Mais laissons ces souvenirs... Il dort, le doux poète!... et son œuvre harmonieuse éternisera son nom. On l'admire, — mais on l'aime plus encore!

LES JOIES DU BIBLIOPHILE

LES JOIES DU BIBLIOPHILE

'AMOUR des livres, cet amour pur, ardent, fécond, durable et sans mécomptes, a été célébré par Jules Janin, en toute occasion, avec le plus séduisant enthousiasme. Il possédait de si précieux volumes, et il les aimait tant! Jamais, à coup sûr, aucun écrivain ne fut mieux pénétré — ni mieux entouré — de son sujet favori, et ne donna, par sa vie tout entière, plus éloquemment raison au mot si connu de Ménage, en l'honneur du charmant *dada* des bibliophiles : « C'est la passion des honnêtes gens! »

Quoi de meilleur, en effet, qu'un bon livre pour la nourriture et la joie de l'esprit! En le lisant, aux heures de fatigue morale, on se sent réconforté, on oublie ses déceptions, ses ennuis; le calme bienfaisant peu à peu renaît au fond de l'âme, l'œil s'éclaire, le front se déride, et le sourire bientôt refleurit sur les lèvres.

Lorsque, chassées par la bise, les dernières feuilles flétries se sont éparpillées, en tournoyant et gémissant, dans les allées désertes du jardin; durant les veillées de Décembre, tandis que le vent rôde et pleure,

« S'engouffrant tristement dans les longs corridors, »

n'est-il pas agréable et salutaire à la fois de relire un vrai livre, en face des tisons rougis qui craquent et pétillent, — tout en écoutant la chanson de la bouilloire ou celle du grillon familier?... Et, certes, l'été, sous un ombreux feuillage, au bruit léger du ruisseau murmurant, le plaisir n'est pas moindre pour le lecteur attentif et fidèle; mieux que jamais, au contraire, il apprécie tout le bonheur de vivre!

Quelles douces surprises, quelles fêtes intimes, que d'émotions délicieuses on éprouve en ouvrant un beau volume du temps jadis, du XVIIIe siècle, par exemple (le siècle des élégances)! La reliure pleine, en veau fauve, ou en maroquin à larges dentelles; les tranches rouges ou dorées, le papier de Hollande, les caractères elzéviriens, les figures de Gravelot, de Moreau, de Bernard Picart *le Ro-*

main, et les vignettes d'Eisen, de Marillier, si délicates et si spirituelles, vous ravissent tour à tour. On croit voir l'heureux auteur de cet ouvrage centenaire, ou, s'il s'agit de la réimpression d'un classique, le patient lettré qui a enrichi l'édition de notes ingénieuses, de commentaires excellents; on songe à ses recherches, à ses efforts, à sa persévérance; on se représente sa joie en découvrant soudain un fait inédit, un détail curieux; puis on s'incline par la pensée devant l'habile graveur, qui a prodigué à son œuvre exquise tant de soins intelligents et passionnés. Le premier possesseur du livre vous apparaît, lui aussi, tout glorieux d'être le maître absolu d'un si bel exemplaire, le feuilletant avec respect, avec admiration, le savourant en quelque sorte, et demandant à ce compagnon docile l'oubli de ses chagrins de la veille et de ses soucis du lendemain.

Mais écoutez plutôt Jules Janin lui-même parler des livres, avec une autorité incontestable, avec un charme infini (1).

« O chefs-d'œuvre ! beautés ! grâces ! consolations ! sagesse ! O livres, nos amis, nos guides, nos conseils, nos

---

(1) Nous avons emprunté les délicieux fragments qui suivent à l'*Amour des Livres,* une plaquette devenue introuvable.

gloires, nos confesseurs! On les étudie, on les aime, on les honore... Et, de même que les Anciens posaient dans un coin de leur chambre un petit autel paré de verveine, et sur cet autel domestique un dieu familier, le vrai bibliophile ornera sa maison de ces belles choses...

» Qu'il rentre en son logis, ou qu'il en sorte, il donne un coup d'œil à ses dieux favorables. Il les reconnaît d'un sourire; il les salue en toute reconnaissance, en tout respect. Il s'honore aussi de ces amitiés illustres, il s'en vante!

» Les livres ont encore cela d'utile et de rare : ils nous lient d'emblée avec les plus honnêtes gens; ils sont la conversation des esprits les plus distingués, l'ambition des âmes candides, le rêve ingénu des philosophes dans toutes les parties du monde; parfois même ils donnent la renommée, une renommée impérissable, à des hommes qui seraient parfaitement inconnus sans leurs livres. Ils ajoutent même à la gloire acceptée!...

» Au catalogue de ses livres, on connaît un homme! Il est là dans sa sincérité. Voilà son rêve... et voilà ses amours!...

» Accordez-moi, Seigneur, disait un ancien : une maison pleine de livres, un jardin plein de fleurs! — Voulez-vous, disait-il encore, un abrégé de toutes les misères humaines, regardez un malheureux qui vend ses livres! *Biblio-*

Ce coquet petit volume (64 pages in-12), publié chez J. Miard, en 1866, a été tiré à 200 exemplaires sur papier vergé, avec titre rouge et noir. Vendu 3 francs, naguère, par l'éditeur, un exemplaire broché de ce bijou vaut aujourd'hui vingt fois ce prix, au minimum.

En tête du nôtre, Jules Janin, le maître excellent qui nous honora de sa fidèle affection, écrivit ce distique :

« *Lorsque chacun sur mon livre hésitait,*
  Piédagnel hardiment l'achetait. »

thecam vendat... Nous autres, les bonnes gens, les petites gens, qui se tiennent à part, loin du soleil, voici, du soir au matin, notre humble prière : « Accordez-nous, grands dieux, une provision suffisante de beaux volumes qui nous accompagnent dans notre vie, et nous servent de témoignage après notre mort ! »

Combien l'éminent lettré se plaisait, dans son merveilleux cabinet de travail, au milieu de ses chers livres, si savamment, si royalement habillés par des artistes tels que Capé, Niédrée, Duru et Trautz-Bauzonnet ! D'un regard amoureux, attendri parfois, il contemplait, sans se lasser, cette nombreuse et brillante réunion d'amis : de poètes, d'historiens, de philosophes, d'orateurs, de romanciers, de critiques... Les volumes multicolores, bien alignés, dans quatre vastes bibliothèques en chêne sculpté, semblaient reconnaissants d'une si vive affection et des hommages sincères qui leur étaient rendus. On eût dit, à les voir par un jour de soleil, qu'avec leur maître ils échangeaient des sourires !...

Nous avons admiré tout récemment, chez un des fidèles partisans de Jules Janin, un exemplaire de l'*Amour des Livres*, relié d'une façon délicieuse. — M. Ernest Chaze nous a montré, en même temps, beaucoup d'autres joyaux littéraires et artistiques. Depuis plus d'un demi-siècle, il collectionne; et les habiles relieurs Hardy et Thibaron, pour parer ses volumes, si variés et si bien choisis, ont rivalisé de goût et de talent.

La maison de l'aimable bibliophile, située dans l'Ile Saint-Louis, sur le quai de Béthune, appartint autrefois à la famille de Richelieu. Les livres règnent à l'aise dans cet antique logis paisible, aux larges escaliers, aux plafonds élevés; — la physionomie douce, souriante et très fine de M. Chaze, fait songer à une belle figure de prélat, et raconte aux moins clairvoyants son bonheur absolu.

Après de longues années de travail, ce vrai sage se repose au milieu des amis de toute sa vie, — lus, relus, et toujours intéressants; — et c'est avec un juste orgueil qu'il peut réciter, à l'occasion, le superbe sonnet que François Coppée lui a dédié, ou les strophes qui ont été écrites pour lui par Jules Barbey d'Aurevilly, en tête d'un des meilleurs ouvrages de ce maître, si original et si puissant.

Le fervent amateur du quai de Béthune a pour voisins d'éminents bibliophiles : M. l'abbé Bossuet, curé de Saint-Louis-en-l'Ile, et M. le baron Pichon, qui habite l'hôtel Pimodan. — Souvent on parle de ces deux érudits, et il nous semble juste de saluer aujourd'hui, d'une manière toute spéciale, l'excellent et trop modeste M. Chaze. D'ailleurs, sa collection, très importante, d'œuvres anciennes et modernes, sur papiers de Hollande, de Chine et du Japon, est bien digne d'un chaleureux éloge.

A. P. (Novembre 1885.)

LE CHALET DE PASSY

LE CHALET DE PASSY

I

ous causions avec l'auteur de l'*Ane mort* (il y a de cela une quinzaine d'années), assis près de lui, par une belle matinée de Juin, sous sa tonnelle verdoyante, en face d'une table rustique chargée de livres et de papiers. Jamais le chalet de Passy ne nous avait semblé plus paisible et plus riant. Le lierre le couvrait à demi de ses opulentes guirlandes. Pas un nuage dans le ciel bleu! Partout des gazons pareils à du velours, des fleurs épanouies, et d'épais ombrages doucement agités par une tiède brise, qui caressait à la fois le marronnier centenaire, la rose odorante et les cheveux bouclés et blanchissants de l'ami d'Horace. L'acacia et le

cytise mêlaient leurs grappes nombreuses, incessamment balancées, et la vigilante abeille bourdonnait et butinait alentour.

Ah! nous ne saurions oublier l'attrayante physionomie du maître! Étendu dans un large fauteuil de jonc, vêtu de son ample vareuse de drap rouge, la figure illuminée par son rire clair et ses yeux pétillants, il était bien le souverain légitime de cet enviable royaume, et l'on devinait tout de suite que la grâce parfaite, la véritable poésie, la loyauté et l'intime contentement, seraient toujours les hôtes familiers du logis.

En regardant cet honnête homme, ce charmant et vaillant esprit qui mettait sa plus grande joie, son suprême honneur, à écrire d'une main légère et infatigable des pages que tous les délicats se plaisent à relire, nous songions avec émotion à l'éloquente préface de ses *Contes du Chalet* (ils venaient justement de paraître), et nous nous redisions ces beaux vers, qui racontent si bien, en quelques lignes, toute une vie de travail, semée de bonnes actions, de pures espérances et de petits bonheurs :

« Ami des braves gens et content de moi-même :
Un jardin sans épine, un logis sans remords,
Un cortège affligé quand j'irai chez les morts...
La Muse en donne moins au poète qu'elle aime.
En si petit espace, ô ciel ! tant de bienfaits !

Un si cher compagnon, tant de grâce et de paix !
Ces rayons, cette fleur, ce rêve, cette branche,
Ce balcon si joyeux, ce toit qui rit et penche,
Ce grand œil bleu sur moi doucement arrêté !
Tout ce beau quart d'arpent, pour mon unique usage...
    A ces bonheurs, dans leur bonté,
Si les dieux ajoutaient un peu de liberté,
    Je n'en voudrais pas davantage ! »

Tout en parlant, Jules Janin annotait au crayon des volumes et des manuscrits, car il se reposait rarement; et, comme l'entretien roulait sur la magie du souvenir, nous lui dîmes soudain :

« Vous devriez dicter vos Mémoires.

» — Y pensez-vous ? » Et il se prit à rire joyeusement. « Mes Mémoires, grand Dieu ! Je suis,
» mon cher ami, comme les peuples heureux : je
» n'ai point d'histoire. Lorsque je ne serai plus,
» si un homme de loisir et de bonne volonté juge
» à propos de narrer la vie de l'humble J. J., sa
» tâche, à coup sûr, ne lui demandera pas des
» années ! On pourrait se borner à écrire ceci :
» *Il rédigea fidèlement, pendant... supposons un*
» *demi-siècle !... le feuilleton des* Débats, *et il com-*
» *posa des* Contes *à la louange de la jeunesse aux*
» *dents blanches et des esprits en belle humeur. La*
» *goutte le tourmenta souvent; mais, pour triompher*
» *de cette ennemie intime, il avait à ses côtés, Dieu*
» *merci ! une compagne intelligente et dévouée, et ses*
» *chers livres à portée de la main.* »

Et il ajouta, après un court silence : « Quand
» on a toujours sincèrement honoré les lettres,
» et que l'on possède des amis qui s'appellent
» Bossuet, Corneille, Molière, Diderot, Horace
» et Virgile, on est vraiment riche et digne d'envie,
» car le morne ennui vous demeure inconnu ! »

Puis, prenant parmi les livres ouverts çà et là,
un mince cahier in-18 : « Tenez, » nous dit-il,
« voici un fragment de ma jeunesse, et l'un des
» meilleurs, à coup sûr. C'est la préface de mes
» *Contes nouveaux,* si vieux aujourd'hui, que per-
» sonne, hélas ! ne les connaît plus. Lorsque
» j'écrivais ces pages printanières, le diable habi-
» tait le fond de ma bourse, tout le long de la
» semaine et même le dimanche, mais mon cœur
» débordait d'illusions. Oh ! le beau temps des
» folles chimères, vêtues d'or et de soie ! C'était
» en 1832... Ah ! que c'est loin ! Emportez cela,
» mon ami ; vous le lirez à vos moments perdus. »
Alors il nous tendit la brochure jaunie, zébrée de
notes griffonnées en tous sens. Et, voyant que
nous cherchions à déchiffrer quelques-uns de ces
hiéroglyphes, dignes des patients efforts d'un
Champollion :

« Oui, » fit-il, souriant, « j'ai voulu récemment
» corriger ce fatras. Grâce au Ciel ! je me suis vite
» aperçu de mon erreur. Cette préface exubérante
» est remplie d'inexpérience, j'en conviens volon-

» tiers; mais, en revanche, ô mon lecteur! ne
» garde-t-elle point, je vous prie, ce je ne sais quoi,
» ce duvet juvénile, cette ineffable senteur d'Avril,
» ce rayon, qui pénètre, qui réchauffe, et que
» rien ne remplace? Allons, allons, croyez-moi,
» il ne faut pas toucher à ces choses-là! »

II

. . . .

Naguère il y avait, dans le gai chalet de Passy, le calme, la fortune, la renommée bien acquise, le travail, hôte assidu et constamment choyé; mais la Mort est venue, et, au milieu de cette vaste et attrayante pièce du rez-de-chaussée où le maître lisait et songeait l'été, s'interrompant si volontiers pour accueillir les visiteurs, nous avons vu une bière couverte de couronnes et entourée de cierges!

Le 19 Juin 1874, à six heures du soir, Jules Janin (nous causions avec lui deux heures auparavant) s'est éteint subitement dans les bras de son fidèle serviteur François, qui le soignait avec tant de zèle intelligent. Sa dernière parole, adressée à sa chère femme, a été : « Je n'entends plus les
» oiseaux du jardin... » Ils l'avaient distrait et charmé si souvent!

Le matin des obsèques, Arsène Houssaye, profondément ému, s'écriait : « Le dernier adieu, je
» ne veux jamais le lui dire.

» Pour ceux qui les aimaient, les morts vivent toujours! »

Cela est vrai ; et nous aussi nous reverrons, vivant dans notre souvenir attendri, ce ravissant écrivain, cet ami indulgent auprès duquel nous avons passé tant de douces heures. Sur son lit funèbre, il semblait endormi. Un vague sourire animait encore ses lèvres pâlies, et les boucles de ses cheveux argentés s'éparpillaient sur l'oreiller, comme au moment de son réveil.

Non, nous ne voulons pas, nous non plus, croire à la séparation éternelle. Non ! ce maître illustre et bienveillant ne nous a point quitté pour toujours. Nous entendons sa voix; nous lisons dans son regard si expressif, et nous pourrons travailler encore. Voici l'encre bleue, le porte-plume d'ivoire et les feuillets blancs disposés sur la table, en face des longues rangées de livres richement vêtus, et près de la fenêtre grande ouverte.

Il est là, — dans son fauteuil préféré, — souriant et paisible, passant sa main sur son front, et il va dicter tout à l'heure. Parlera-t-il de son cher Horace, ou de Diderot, ou de son autre ami, Virgile ? Ferons-nous un feuilleton, ou bien allons-nous continuer le roman commencé, — en suspendant de loin en loin notre tâche pour babiller un instant, pour écouter ensemble la chanson du bouvreuil, ou pour regarder un nuage pareil à une ouate légère, qui passe sur le fond bleu du ciel, au-dessus des platanes du petit jardin, si riant et si ombreux ?... Hélas ! non ; sa bouche est muette ! Le séduisant causeur, naguère intarissable, ne sèmera plus l'esprit et la grâce ainsi qu'un prodigue. Plus de pensée dans ce large front, plus d'éclair dans ces yeux, plus de voix, plus rien ! La Mort a franchi le seuil, implacable, et ce corps est glacé, et cette âme généreuse soudain s'est envolée !

Mais l'œuvre du maître nous reste : facile et ingénieuse, pleine de fantaisie, de fraîcheur et d'élégance.

L'homme de cœur ne sera pas plus oublié que le charmeur inimitable. La confidente dévouée de ce noble esprit saura garder pieusement la mémoire du loyal compagnon de sa vie, et ses amis se souviendront avec émotion qu'elle a été la joie, le conseil et la meilleure récompense de l'excellent écrivain que les lettrés regretteront toujours.

Le voilà donc loin du tourbillon, après tant de pacifiques et légitimes triomphes. Comme on applaudissait jadis à sa verve brillante !... Désormais, les oiseaux du ciel chanteront aux alentours de sa tombe respectée; les fleurs printanières lui offriront leurs parfums; et, tout emperlés dès l'aube, leurs légers pétales, s'éparpillant doucement au souffle de la brise, voltigeront sur ce spirituel rêveur, qui fut toujours épris de la jeunesse, de la bonté, des sentiers verdoyants, du soleil et des roses.

Passy, 1874.

UN TYPE DISPARU

LE PÈRE LÉCUREUX

UN TYPE DISPARU

LE PÈRE LÉCUREUX

I

Il y a environ deux ans, un brave homme qui fut, durant plus d'un demi-siècle, l'humble providence des bibliophiles et des bibliomanes, est mort, à Paris, dans l'isolement et dans la gêne. Au retour d'un voyage, nous avons appris la triste fin de ce pauvre vieillard. Bien peu de personnes, hélas! ont suivi son modeste convoi; aucun ami des livres ne lui a dit le suprême adieu; aucun journal n'a daigné annoncer, même par une simple ligne, sa disparition de ce monde!

Qu'il nous soit permis de réparer aujourd'hui cet oubli regrettable. Le père Lécureux nous a donné naguère plus d'une joie ; il serait vraiment injuste et ingrat de ne point lui consacrer quelques pages sincères. Et, d'ailleurs, une rapide esquisse de cette originale et honnête figure aura peut-être la bonne fortune d'intéresser, un moment, nos lecteurs (1).

II

Au numéro 20 de la rue des Grands-Augustins, tout au fond d'une cour silencieuse, se trouvait le vaste et poudreux magasin du digne bouquiniste. Sans cérémonie et à toute heure du jour, on pouvait pénétrer dans le temple, situé au rez-de-chaussée, en tournant le bouton d'une porte vitrée dont les carreaux étaient constamment couverts d'une vénérable poussière. Une marche à descendre, cinq ou six pas à faire dans une demi-obscurité, et le visiteur apercevait, ou plutôt devinait soudain le

---

(1) M. Lécureux (Achille-Louis), né à Paris, en 1795, y est mort le 18 Novembre 1875, après huit jours de maladie. Un bouquiniste du voisinage (son ancien commis) lui a fermé les yeux. Le sympathique libraire a constamment travaillé ; une heure à peine avant de s'éteindre, il signait encore, d'une main défaillante, plusieurs lettres d'affaires, et faisait avec lucidité ses dernières recommandations.   A. P.

père Lécureux, assis gravement devant un petit bureau de sapin noirci, placé près d'une fenêtre ayant vue sur une seconde cour, où s'étiolaient de compagnie quelques lilas et un platane, au centre d'une maigre pelouse. Le bureau vermoulu était surchargé de registres écornés et de liasses de papiers jaunis, du milieu desquels émergeait la tête chenue du bonhomme. Dans deux grandes pièces contiguës et peu élevées, l'œil rencontrait partout de nombreux rayons pliant sous le poids de volumes brochés ou reliés, et ficelés soigneusement par séries, avec de larges étiquettes sur chaque paquet. A terre, près du seuil, des pyramides de bouquins; sous les tables boiteuses, sur les chaises branlantes, encore des livres empilés; dans les encoignures tapissées de toiles d'araignées, devant les fenêtres aux vitres verdâtres, tout le long des salles lézardées, toujours des livres et des brochures! De la médecine et du droit, de la théologie et de l'algèbre, de la poésie et de l'histoire, de l'italien, de l'anglais et du grec, du chinois, du latin et de l'allemand, de la musique et de la géométrie, des romans et des contes bleus, de la philosophie et de la critique, des tragédies et des vaudevilles..., on trouvait tout (ou du moins des échantillons de tout) dans ce capharnaüm, où il semblait, par exemple, terriblement difficile de circuler. De petits sentiers sinueux y étaient ménagés cependant, mais il fallait, pour s'y reconnaître, avoir une certaine habitude du logis.

Eh bien, ce désordre apparent cachait un ordre parfait. Le père Lécureux, qui, depuis plus de soixante années (il est mort âgé de quatre-vingts ans), vivait au milieu du papier imprimé, possédait une méthode sûre et fort ingénieuse pour s'éviter le moindre embarras. Les diverses éditions d'un même ouvrage étaient réunies chez lui, par ordre de dates, au fur et à mesure de ses trouvailles. Il avait disposé, en outre, dans deux boîtes sans couvertures, d'innombrables fiches en carton, — chargées de chiffres à l'encre noire et à l'encre rouge, de caractères menus, de ratures et de signes hiéroglyphiques, — à l'aide desquelles il savait immédiatement si un auteur quelconque, ancien ou moderne, demandé à l'improviste, dormait dans son obscur magasin, et à quel endroit exact il devait, armé d'une chandelle à la lueur vacillante, aller le réveiller pour satisfaire le caprice d'un client.

III

Nous avons donné une idée du sanctuaire ; voici maintenant le profil du grand-prêtre. Sec, courbé, de moyenne taille, la figure parcheminée et sillonnée de rides profondes, les pommettes saillantes, les cheveux blancs et assez rares, les yeux vifs derrière ses lunettes rondes, le nez long et légèrement busqué, barbouillé de tabac; la bouche fine, et souvent souriante d'un bon sourire bien franc, tel était le père Lécureux, vêtu dès l'aube, l'hiver aussi bien que l'été, d'une redingote noire lustrée par l'usage, et dont les manches étroites étaient protégées par des fourreaux en percaline, tachés d'encre et passablement fatigués. D'une poche de cette redingote, d'une coupe démodée depuis longtemps, s'échappait à demi un ample mouchoir à carreaux; un gilet noir étriqué, un vieux pantalon de même couleur, une cravate en soie très mûre entourant un col de chemise en toile rousse, et des pantoufles de lisière fanées, complétaient ce costume — sans prétention, on le voit de reste! Le père Lécureux, en effet, ne songeait point du tout à s'habiller; absorbé par ses recherches et ses classements incessants, il voulait simplement se couvrir à la hâte et tant bien que mal, pour se mettre en règle vis-à-vis de la société.

IV

En considérant ce vieillard comme un bouquiniste vulgaire, on aurait commis à coup sûr une grave erreur. Il avait au contraire une curieuse et fort utile spécialité; il était *unique en son genre,* et c'est pour cela surtout qu'il a droit à notre souvenir, disons mieux, à nos regrets. On ne le remplacera pas. Le père Lécureux achetait dans les ventes et en toute occasion favorable, sans se lasser jamais, des livres *dépareillés*. Il ne recherchait guère que ceux-là, et c'est par milliers qu'on les voyait entassés dans sa modeste boutique.

Les tomes dépareillés, voilà donc ses enfants de prédilection! Il les adoptait, il les choyait, pansant au besoin leurs blessures, les cataloguant avec minutie et les rangeant avec amour.

Ce bonhomme infatigable accueillait avec le même entrain dans son bizarre intérieur : Laclos et Massillon, Coquillart et Mirabeau, Horace et le chevalier de Boufflers, Virgile et Fontenelle, Laharpe et Laplace, Santeuil et Vadé, Restif de la Bretonne et Lamartine, l'*Alcoran*, de Du Ryer, et *Madame Bovary*, l'*Encyclopédie* et l'*Histoire des peintres*, le *Nobiliaire universel* et la *Vie des Saints,* Confucius et Pigault-Lebrun, Voltaire et Fénelon, Brantôme et Pascal, Cyrano de Bergerac et Crébillon, Sterne et Diderot, l'abbé Delille et l'Arioste, Anne Radcliffe et Mme Deshoulières, Plutarque et Vaugelas, Homère et Palissot, Chateaubriand et Paul de Kock, la *Princesse de Clèves* et *Manon Lescaut,* le *Moyen de parvenir* et l'*Art d'aimer*... Toutes les langues, toutes les époques, tous les genres, tous les systèmes, toutes les études, tous les rêves, toutes les folies, toutes les audaces, tous les ridicules, toutes les gloires se pressaient, se confondaient sans cesse en ce lieu singulier, sous la protection du père Lécureux, qui arrachait ces débris si divers, ces épaves de la science et de la littérature, aux marchands de la Halle, à l'épicier du coin, et au pilon inexorable!

V

Représentons-nous les cruelles émotions d'un amateur passionné qui a perdu un tome de son cher Montaigne de 1659, ou de son Rabelais de 1741; ou bien (chose plus affreuse encore) un volume du *Décaméron* de Jean Boccace, édition de Londres, de 1757, ou du Molière, publié par Denys Thierry, en 1682. Voilà donc l'exemplaire incomplet, c'est-à-dire devenu tout à coup presque sans intérêt et sans valeur! A quel saint se vouer? Où chercher, où courir? Quelles perplexités toujours croissantes!... Hélas! la perte sera bien difficile, sinon impossible à réparer, — car le père Lécureux n'est plus là, avenant et alerte malgré les hivers, pour consulter ses fameuses fiches, si riches en révélations — et en consolations!

Combien l'excellent fureteur triomphait naguère, lorsqu'il trouvait, au milieu d'un paquet poudreux, le tome tant souhaité! Il le livrait sans trop exiger en échange, se souvenant à propos d'avoir acheté à vil prix, dans un lot, à la salle Sylvestre, dans une vente après décès, ou même tout simplement, un matin, sur les quais, ce volume si précieux pour l'amateur rasséréné.

De Paris, de la province et de l'étranger, on venait frapper à l'huis du vieux bouquiniste, avec empressement, avec confiance, et rarement on s'en retournait les mains vides. Que d'inquiétudes, de regrets profonds il a fait disparaître; que de pures et durables joies lui sont dues! Que de bons livres, spirituels compagnons des veillées paisibles, il a sauvés ainsi de l'oubli éternel! Combien de bijoux littéraires, imprimés en caractères antiques, sur papier de Hollande, enrichis de frontispices élégants et ingénieux, de portraits finement gravés ou d'*ex-libris* intéressants, il a préservés, ce brave homme, de l'horrible pilon aveugle et brutal, toujours prêt à détruire indifféremment l'esprit et la sottise, la science et l'erreur, la grâce et la vulgarité! Et, avec cette pâte nouvelle, que de papier on aurait fabriqué, pour le couvrir ensuite, le plus souvent, d'inepties ou d'insanités!

Oui, certes, il est juste de rendre hommage à cet humble collectionneur, plein d'expérience et d'obligeance, suffisamment instruit et sincèrement honnête, qui, après avoir rendu tant de services aux amoureux du livre, est mort pauvre et presque abandonné.

VI

Le savant, l'amateur, l'écrivain, le professeur, l'écolier, tous les âges, toutes les bourses, toutes les classes de lecteurs, ont été à même de reconnaître la grande utilité du commerce bizarre du père Lécureux. Nous pouvons louer hautement sa politesse, sa patience et son zèle : personne ne lui contestera ces qualités !

Il avait vu, dans sa vieille maison, plus d'une notoriété littéraire, et même plus d'une gloire ! M. Villemain, M. Patin, et l'éminent bibliophile M. Brunet, le consultaient à l'occasion. Le fabuliste-académicien Viennet venait parfois causer dans le magasin du bonhomme. M. de Chateaubriand le fit appeler à deux reprises ! M. Dupaty, M. Casimir Bonjour et M. de Jouy (l'*Hermite de la Chaussée-d'Antin*) lui témoignaient un vif intérêt ; Guilbert de Pixérécourt, Charles Nodier, Victor Cousin et M. Paul Lacroix ne l'estimaient pas moins. Tout enfant, il avait eu pour voisin le célèbre Latude, qui, chaque matin alors, pour gagner de l'appétit, était heureux de se dégourdir les jambes sur le Pont-Neuf, après « trente-cinq ans de captivité ! »

Le père Lécureux aimait à parler de sa jeunesse aventureuse, passée en partie au Mexique (il s'occupait déjà de librairie); il racontait aussi, volontiers, avec beaucoup de verve et d'originalité, à ses clients les plus fidèles, des anecdotes inédites sur les écrivains et les amateurs du siècle. Nous nous souvenons de l'avoir écouté avec profit et grand plaisir.

Vers la fin de sa vie, le digne homme était un peu sombre : il avait perdu la foi en l'avenir de son métier.

« Ah! monsieur, » nous disait-il amèrement un jour, « *on ne complète plus, on réimprime!* » Et il levait les bras au ciel, comme pour le prendre à témoin de l'injustice du sort, de la folie humaine et de sa légitime douleur. En effet, les réimpressions d'ouvrages anciens étant devenues très fréquentes, très nombreuses, et cotées à des prix fort abordables, à cause de la concurrence, le travailleur et le lecteur frivole sont maintenant d'accord pour délaisser les exemplaires incomplets des éditions d'autrefois. On rencontre, çà et là, d'aventure, quelques-uns de ces malheureux tomes, exposés, tantôt à la neige, au vent ou à la pluie, et tantôt à l'indiscrète ardeur du soleil, dans les humbles boîtes en sapin, mélancoliquement alignées sur les quais, depuis le Pont-Royal jusqu'au Pont-Saint-Michel; — mais, si, tenté de relire un vieil auteur, le passant s'arrête, d'ordinaire il écarte avec dédain l'invalide au costume délabré, pour sourire à la « *nouvelle édition* », en un seul volume marqué 3 francs, et qu'on lui cédera volontiers à moitié prix, pimpant encore dans sa légère robe bleue, gris perle ou jonquille, — quoique déjà familiarisé, sans doute, avec les façons, parfois un peu cavalières, du couteau de buis ou d'ivoire.

Le bibliophile et le bibliomane demeurent, eux aussi, très indifférents en présence des débris centenaires dont nous venons d'esquisser les infortunes. Excepté dans les grandes circonstances, où l'on ne veut négliger absolument rien pour compléter un ouvrage d'une rareté exceptionnelle, la persévérance nécessaire fait généralement défaut aujourd'hui.

La collection si curieuse, que le père Lécureux estimait au minimum 30,000 francs, n'a pu être vendue de son vivant, même moyennant une somme infiniment plus modeste. Les libraires de Paris et de la province, pour satisfaire leurs clients, à bref délai, avaient souvent eu recours au bonhomme ; mais, lorsqu'il voulut enfin se reposer, aucun d'eux ne consentit à acquérir son fonds. « C'est trop encombrant ! » s'écriaient-ils à l'unisson. — Les pénibles préoccupations que lui donnait une vente, sans cesse rêvée et toujours impossible, contribuèrent certainement à la mort du pauvre vieillard, qui n'encaissait, depuis longtemps, que de maigres recettes, — insuffisantes, dans la dernière année surtout, pour payer un loyer de 1,500 francs.

Aussitôt après le décès de l'humble chercheur, tous ses volumes, vêtus, pour la plupart, de parchemin, de veau fauve ou de veau racine, ont été livrés en bloc à un marchand de vieux papier, à raison de dix centimes le kilo. Revendus en paquets non déficelés, ils ont servi de lest à un bâtiment allant au Havre!

Les vénérables bouquins avaient perdu leur ami, leur fidèle protecteur, et ils ne pouvaient, hélas! lui survivre.

Amateurs sincères, bibliophiles fervents, croyez-nous, plus que jamais prêtez à bon escient vos chers livres, car si, par malheur, des vides venaient à se produire dans leurs rangs, nul ne saurait, comme le père Lécureux, remplacer à propos les tomes disparus!

Paris, 1878.

LES CONTES BLEUS

LES CONTES BLEUS

I

ANS mon pays natal, au temps heureux de l'adolescence insoucieuse et confiante, je passais souvent mes matinées d'hiver au coin du feu d'un vieux savant, — juge au tribunal de la ville de C***, — plein d'une cordialité brusque et de curieuses bizarreries, célèbres à vingt lieues à la ronde.

Ce vieillard, étrange et sympathique, qui me tenait en grande amitié, conserva toujours une véritable passion pour les *Contes de Fées*. Il possédait dans sa bibliothèque (un fouillis poudreux et immense), à côté des ouvrages les plus estimés des esprits sérieux, à peu près toutes les éditions con-

nues des contes de Perrault. — « Je l'avouerai, » me disait-il parfois, avec un rire bruyant qui lui était familier, « je l'avouerai jusqu'à ma dernière
» heure : les contes de fées m'ont donné plus de
» joies sincères et épanouies que tous les autres
» livres que j'ai lus... Et Dieu sait si j'en ai
» feuilleté en ma vie !

» Lorsque je suis triste, ennuyé ou désœuvré,
» j'ouvre au hasard un de mes volumes favoris, et
» les préoccupations terribles du *Petit Poucet*, ou
» les aventures surprenantes de la *Belle au Bois*
» *dormant* et de *Riquet à la Houppe,* m'amènent
» bientôt à oublier soucis et lassitude morale...
» Je redeviens enfant, j'ai six ans, les joues rondes
» et colorées comme une pomme d'api, l'œil vif
» et pétillant de malice et de curiosité naïve, les
» cheveux blonds et bouclés, les dents blanches, et
» les lèvres rouges ainsi qu'une cerise mûre... Je
» retrouve ma bonne grand'mère, toute courbée,
» passant et repassant son aiguille à tricoter le long
» de ses tempes amaigries, dans une chevelure
» argentée par l'âge, — et dont quelques mèches
» débordent de sa coiffe en mousseline, à larges
» ailes plissées... Je la revois, assise dans un fau-
» teuil de tapisserie aux couleurs disparues, lais-
» sant, le soir, son rouet un instant inactif, pour
» m'attirer auprès d'elle, au bord de l'âtre, avec
» ses mains ridées, si caressantes ! Je l'entends me

» raconter, de sa voix chevrotante et claire, une de
» ces sombres légendes qu'elle savait dire si bien,
» et qu'elle recommençait si souvent !... Alors mes
» yeux se mouillent de douces larmes, mon cœur
» bat plus vite, et, radieux, enivré, ressuscitant tout
» ce passé béni, je remonte, avec l'aide de la fée
» du souvenir, le chemin inondé de soleil des
» riantes années de la jeunesse, retrouvant peu à
» peu, pas à pas, mes plus saintes illusions et mes
» plus chères espérances... — en réalité si tôt
» enfuies ! »

II

Mon vieil ami le bibliophile « prêchait un converti, » je le déclare avec franchise. J'ai toujours eu, moi aussi, un goût très marqué pour les odyssées merveilleuses, et fréquemment j'ai pensé, avec le bonhomme La Fontaine, que :

« Si Peau d'Ane m'était conté,
J'y prendrais un plaisir extrême. »

Combien de fois, quand j'étais enfant, presque constamment souffreteux, ma pauvre mère, assise au chevet de mon lit, a-t-elle dit, en tenant mes mains dans les siennes, et pour appeler sur moi le sommeil réparateur, — de fantastiques histoires qu'elle construisait à mesure, avec cette imagination féconde, avec cette simplicité attractive et tendre dont le bon Dieu a doué les mères !

O les ravissantes soirées ! Le tyran insatiable, oublieux de sa fièvre, murmurait, l'œil étincelant : « Encore ! encore ! » — Et son ange gardien ne se lassait jamais.

Hélas ! aujourd'hui, personne ne me conte plus de fabuleux et séduisants récits.

De loin en loin, dans mon nid solitaire, je relis, en tisonnant, les chefs-d'œuvre de la *Bibliothèque bleue*... Mais où sont les contes d'antan ?

III

Depuis assez longtemps déjà, les fées étrangères ont fait invasion en France. — Victor Hugo n'y a pas peu contribué en écrivant le *Beau Pécopin;* M. Édouard Laboulaye, à son tour, nous a fait connaître des fées de presque tous les pays, et, particulièrement, celles de l'Arabie. L'élan étant donné, nous en verrons surgir sans doute beaucoup d'autres !... Puissent-elles, — ces enchanteresses, — posséder autant de grâce et de bonté que les fées du sol natal, dont nos aïeules et nos nourrices nous narraient jadis les émouvantes histoires, au coin d'un feu clair et pétillant, tandis que tombait la neige à flocons pressés, et que la bise de Décembre gémissait au dehors !

J'aime à me représenter une bande de joyeux enfants, devenus tout à coup silencieux, écoutant, étonnés et ravis, quelque interminable légende ; — et je me dis alors :

Pays bleu, pays du rêve et de la poésie ! qui donc refuserait de t'aimer ?

O jeunesse triomphante ! qui donc serait assez fou pour oser méconnaître ton adorable prestige ?

LA PREMIÈRE REPRÉSENTATION

DE

« *NOS INTIMES!* »

LA PREMIÈRE REPRÉSENTATION

DE

« *NOS INTIMES !* »

(16 Novembre 1861).

E quoi vous parlerais-je, sinon de la dernière victoire que vient de remporter M. Victorien Sardou? A cette heure encore, tout Paris ne rêve qu'à cela. Ce succès éclatant fera époque. Le théâtre du Vaudeville est envahi, et, pour y trouver une petite place, il faut absolument la retenir trois semaines à l'avance.

Le soir de la première représentation, au bruit des applaudissements de la salle entière, M. Sardou a été, malgré sa résistance, entraîné devant la rampe par les artistes chargés de nous faire apprécier son œuvre... Quel triomphe enivrant! Voyez-vous d'ici le jeune auteur, haletant, frémissant, pâle et sans voix, mis tout à coup en présence de cette foule enthousiaste!... Son cœur bat à briser sa poitrine, il n'y voit plus, il tomberait certainement si Numa et Febvre ne le soutenaient dans leurs bras... La bataille est gagnée!... Sur toutes les lèvres, il y a de charmants sourires; les yeux brillent, l'émotion est au comble, un courant magnétique s'établit entre la scène et la salle, — et les bravos retentissent de tous côtés... Ah! ces minutes-là valent, à coup sûr, toute une vie!

Nos Intimes! Tel est le titre de ce chef-d'œuvre de fine observation, dans lequel pétillent une verve délicieuse, un esprit jeune et du meilleur aloi.

Certes, c'était là un sujet bien tentant! Dévoiler les petites perfidies journalières de ces gens qui viennent s'asseoir à notre table et au coin de notre foyer, passant leur vie à spéculer traîtreusement sur nos faiblesses. — Nos Intimes! la tribu des égoïstes, des parasites, ayant sans cesse de belles protestations à la bouche et jamais une bonne pensée dans le cœur! — Des appétits d'enfer! — mais nul dévouement, nulle franchise, nulle affection vraie...

Allons donc! les *amis!!*... « *O mes amis, il n'y*

» *a pas d'amis !* » disait Socrate, qui s'y connaissait.

Tenez, laissons plutôt la parole au brave docteur Tolozan. Il nous racontera éloquemment ce que c'est que l'amitié par le temps qui court :

— « Mais, » — lui dit (au deuxième acte) l'un des parasites en question, — « il suffit d'ouvrir les yeux pour voir, tous les jours et partout, des gens qui vivent dans les meilleurs termes et font commerce d'amitié... — « Ah ! parbleu ! commerce ! oui ! On se voit une fois : « Monsieur ! » deux fois : « Mon cher ! » trois fois : « Mon vieux ! » Un Siamois qui tomberait sur le boulevard et qui nous prendrait au mot, se dirait : Quelle bénédiction ! Ces Parisiens sont tous unis par les liens d'une affection indissoluble !... « Mon ami ! bon ami ! cher ami ! tendre ami !... » Et des poignées de main, devant, derrière... et je te secoue !... et je te démanche ! et je te serre la main ! comme je te serrerais le cou ! Il est vrai qu'elle est pleine de boue et d'argent volé ! Raison de plus pour la secouer ! c'est le moyen qu'il en tombe quelque chose !

» — Alors vous ne croyez pas du tout aux amis ?

» — Si, pardon, j'y crois, » répond vivement le bon docteur...

« J'en ai même connu deux ! deux véritables !... Et vous pourrez apprécier les caractères qui les distinguent des autres. A quinze ans, le plus âgé tirait l'autre d'un canal où il se noyait ! A vingt ans, le plus jeune se battait à la place de l'aîné ! un an plus tard, aimant la même femme, ils s'engageaient tous deux en secret, par un sacrifice mutuel ! et ne se retrouvaient que sur le champ de bataille, pour enlever un canon à l'ennemi et se disputer à qui céderait à l'autre l'honneur de l'avoir pris ! Plus tard, le plus jeune mourait, laissant un fils orphelin ; et son ami emportait le pauvre petit être dans ses bras, et l'élevait de manière à lui prouver que l'on n'a pas besoin d'être le fils d'un homme pour être son enfant... Et j'en parle savamment, messieurs, car cet orphelin, c'était moi! Voilà peut-être ce qui m'a rendu si difficile en fait d'amitié... C'est que mes deux pères m'ont gâté!

» — Mais enfin, » hasarde l'*Intime,* « dans la vie ordinaire!... dans la vie ordinaire, on ne peut pas prendre des canons tous les jours! ni repêcher tous les jours son ami dans un canal. — Au moins faudrait-il ne pas l'y jeter, ni lui tirer le canon dans les jambes, » s'écrie Tolozan, « et c'est ce que ne manquent pas de faire nos bons amis!... »

Tout commentaire serait inutile. La comédie entière a cette vigueur, cette logique admirable, ce style ferme et élégant... Le succès brillant de M. Sardou est bien un succès légitime!

Heureux M. Sardou! Il écrivit les *Premières Armes de Figaro* et *M. Garat,* pour Déjazet, — le printemps éternel ! — et chacune de ces pièces eut cent représentations. Il donna les *Pattes de mouche* au Gymnase : tout Paris courut applaudir ce spirituel imbroglio. — Un peu plus tard, ses *Femmes fortes* reçurent pareil accueil, et, quatre mois durant, l'affiche resta stéréotypée à la porte du Vaudeville. — Dans *Piccolino* (au Gymnase), sur un canevas léger comme les tissus d'Arachné, M. Sardou a brodé, avec un art infini, des arabesques merveilleuses. Personne ne pouvait rendre mieux que Mlle Victoria les nuances du rôle sympathique de Piccolino...

Si épineuse d'ordinaire, la carrière des lettres

semble devoir être, pour l'auteur de *Nos Intimes,* un chemin inondé de soleil et semé de fleurs parfumées.

Et toujours, et toujours, le charme réside particulièrement dans les détails. L'habile écrivain excelle à dire les jolis riens du cœur, les mots qui appellent le sourire ou l'émotion douce. Il a la jeunesse, il a la grâce! et la fantaisie ailée, et le caprice enchanteur! Quel brio, quelle gaieté franche et quel goût exquis! Dans les *Pattes de mouche,* cette lettre que l'on cherche pendant toute la pièce, et qui a passé dans toutes les mains avant le dénouement, c'est un sujet futile, en apparence... Pourtant cette comédie, elle aussi, est un vrai chef-d'œuvre, et si je voulais y reprendre (pour le simple plaisir de critiquer un peu)... je dirais qu'il y a trop d'esprit.

Mais il a donc fait un pacte? Certes, il possède un talisman! quelque amulette mystérieuse! — Oui et non. — Vous voulez connaître le secret de M. Sardou?...

Sachez donc que Victorien Sardou est en relations suivies avec feu Beaumarchais. Il l'évoque tous les soirs, dans la solitude de son cabinet de travail; et jamais le père du malicieux et ravissant Figaro ne manque à son appel!

Ah! vous n'avez pas foi aux tables tournantes! vous niez le spiritisme et vous vous moquez des esprits frappeurs et des médiums ?... Vous le voyez cependant, ils ont du bon, après tout. Le créateur du *Barbier de Séville* et de la *Folle Journée,* collabore avec l'heureux peintre de *Nos Intimes!* — de telle sorte que, sur l'affiche, on pourrait mettre deux noms côte à côte : Victorien Sardou et feu Beaumarchais.

Il est aisé de s'en convaincre : ces mots étincelants, ces réflexions profondes ou piquantes, ce dialogue vif et naturel qui fait si bien la raquette, ces plaisanteries ingénieuses qui vont droit au but, sont de la meilleure école ; ce talent d'observation, joint à la magie d'un esprit fécond, captivera toujours les intelligences !... Ainsi donc, imitant tout le monde, applaudissons des deux mains.

La pièce est interprétée avec le plus remarquable ensemble. Mlle Fargueil — une rare comédienne, — joue dans *Nos Intimes* un rôle à sa taille. Comme elle est belle de passion contenue, cette artiste éloquente ! Que de pitié et de terreur au troisième acte... et quel triomphe !

(*Revue Française*, livraison du 1er Décembre 1861.)

Neuilly, 20 Mai 1885.

Je viens d'ouvrir, une fois de plus, le tiroir aux

souvenirs. Il est plein à déborder. Des paquets de lettres jaunies, des fleurs sèches; un parfum très doux, qui grise cependant... et mille pensées, les unes riantes, d'autres mélancoliques, qui voltigent, semblant s'échapper du tiroir profond de ce vieux meuble en bois de rose, où s'abritent et se mêlent les vives émotions, les enthousiasmes, les franches gaietés, les espérances printanières, et les joies plus paisibles, les admirations fidèles, les solides amitiés de mon âge mûr (1).

Cette petite branche d'un oranger planté, il y a deux siècles, par la marquise de Sévigné, je l'ai cueillie en Bretagne, sur la terrasse du célèbre château des Rochers; et, tout auprès, je retrouve des verveines du jardin de Victor Hugo, données par son aimable belle-sœur, Mme Chenay, et rapportées de Guernesey, dans l'été de 1880. — Taché d'encre, le porte-plume en ivoire de Lamartine dort à côté de la plume avec laquelle Alexandre Dumas fils a buriné les dernières scènes de la *Princesse Georges*. Quoi encore ?... Le brin de lilas des *Prés Saint-Gervais*, que Déjazet tenait en chantant

---

(1) Déjà, dans mon premier volume de poésies : *Avril* (publié en 1877), j'ai parlé du tiroir aux souvenirs. Voir les strophes ayant pour titre : *Fleurs fanées*, datées de 1864, et dédiées à Joséphin Soulary.

A. P.

le couplet final toujours bissé : *N'y a pas d' mal à ça!* est posé sur des vers autographes d'Amédée Rolland et d'Antoni Deschamps, à moi dédiés. Voici maintenant une alerte chanson, — paroles et musique, — écrite par Gustave Nadaud, et des hiéroglyphes de Jules Janin, tracés à l'encre bleue, comme les billets de la comtesse Dash. L'inépuisable tiroir renferme aussi de précieuses lettres, également à mon adresse, de l'immortel poète des *Contemplations,* du grand peintre Normand François Millet, de Sainte-Beuve, de Michelet, du bibliophile Jacob, de l'auteur des *Iambes,* de Flaubert, de Charles Dickens, et d'une trentaine d'écrivains pleins de vie, Dieu merci, et de talent vigoureux ou délicat. Que de trésors!... Je feuillette — combien mon cœur bat! — le manuscrit des *Vieux Garçons,* en entier de la main du maître, et enrichi de cette dédicace :

« *A mon ami Piedagnel, qui a l'esprit de se marier!*

» Victorien Sardou. »

Ce paquet, souvent dénoué, contient les lettres charmantes de M. V. Sardou. Et, justement, voici la première de toutes, qui me fut envoyée au bureau de la *Revue Française,* après lecture de mon article sur *Nos Intimes.* Je vais la placer ici, — mais, par exemple, je renonce à exprimer le plaisir que j'éprouvai, en déchiffrant ces *pattes de mouche*, il y a plus de vingt-trois ans.

« Paris, 10 Décembre 1861.

» Monsieur,

» *J'ai été singulièrement envahi et encore plus malade ces derniers jours, et il n'a pas fallu moins que ces deux raisons pour m'empêcher de répondre tout de suite à votre aimable lettre, et de vous remercier de votre non moins aimable article. Je ne saurais vous dire, Monsieur, combien il m'est doux de me savoir, dans le monde, des sympathies aussi chaudes que l'est la vôtre! Comme l'acteur qui ne joue souvent que pour un seul spectateur, nous ne travaillons aussi fréquemment que pour deux ou trois amis inconnus, et leur satisfaction récompense mieux nos efforts que les applaudissements de toute la foule. Je sais donc, Monsieur, que je puis vous compter parmi ceux-là, et je ne me console de vous laisser aujourd'hui encore à l'état d'ami inconnu, que par l'espérance de vous serrer bientôt la main mieux que je ne le fais ici, par lettre. Laissez-moi seulement le temps de respirer un peu, et vous me verrez accourir à vous avec autant de chaleur que vous êtes venu à moi.*

» *Jusque-là, permettez-moi de vous serrer cordialement les mains et de me dire votre reconnaissant et dévoué,*

» V. Sardou. »

On me permettra de reproduire, en outre, une bien jolie lettre, également de l'illustre auteur de

Théodora, et qui m'est venue du pays ensoleillé des mimosas, par un jour de neige :

« Nice. — Villa Graziella, nouvelle route de Villefranche; 15 Janvier 1883.

» Mon cher Piedagnel,

» *J'ai reçu, avant mon départ, votre bon et beau volume que j'ai apporté ici pour le lire au soleil, car, à Paris, je n'ai jamais le temps de lire. Moi et tous les miens avons pris grand plaisir à cette lecture. La* Cinquantaine *m'a rappelé un* hier *qui était bien doux et auquel a succédé un bien triste* aujourd'hui, *et mon père a été très ému en retrouvant là des vers charmants qui lui étaient venus naguère comme un joli bouquet de fête. Le* Déjeuner sur l'herbe *m'a rappelé le rondeau de Garat, et aussi le dîner que nous fîmes ensemble chez Magny, avec Déjazet, et où vous fûtes notre aimable amphitryon. Tout cela est bien loin déjà... C'est fini de la pauvre Déjazet et de ses chansons. Je vois avec plaisir pourtant que vous avez le cœur toujours aussi jeune, et que le temps n'a pas glacé votre verve poétique; loin de là. Vous croyez toujours au Printemps, au soleil, aux roses, à tout ce qui est aimable et souriant, à l'amour, aux femmes, ou à la femme, si mieux vous l'aimez,* — *et vous avez bien raison.* — *Moi aussi. Nous sommes donc faits pour nous comprendre.*

» *Faites encore de jolis vers comme ceux-ci, envoyez-les-moi, ils seront toujours les bienvenus. Apportez-les-moi un jour, ce sera encore mieux : non pas à Nice qui est trop loin,* — *mais à Paris ou à Marly ; et, en attendant, mille bons souvenirs et bien cordiale poignée de main.*

» Victorien Sardou. »

Mon second volume de poésies, intitulé : *Hier,* venait à peine de paraître (à la fin de 1882) lorsque M. Sardou eut la douleur de perdre son excellente mère. — Voici le sonnet dont il parle tout d'abord :

LA CINQUANTAINE

A Monsieur et à Madame Antoine Sardou.

Avril est dans vos cœurs ; il règne autour de vous,
Et les oiseaux du parc ont des cris d'allégresse !
Enfants, grands et petits, les yeux pleins de tendresse,
Forment un beau cortège aux vénérés époux.

Ah ! que de vœux ardents, que de baisers bien doux !
La charmante *Dora* sourit et vous caresse ;
Tous *nos Bons Villageois,* accourus à la messe,
Raillent *les Vieux Garçons,* dépités et jaloux.

Garat chante au dessert ; le vif esprit pétille ;
Et, des *Prés-Saint-Gervais, Friquette,* si gentille,
Vient offrir le lilas, qui chasse les autans.

Mais il n'est point d'hiver, sombre et semé de neige,
Pour le couple béni qu'un amour vrai protège :
Tous les arbres à fruits sont poudrés au printemps !

A. P.

Marly-le-Roi, 1880.

MÈRE ET COMÉDIENNE

VIRGINIE DÉJAZET

MÈRE ET COMÉDIENNE

E qui suit est extrait d'un journal de Rochefort-sur-Mer (n° du 28 Janvier 1865).

« Nous avons reçu de notre sympathique chroniqueur Parisien, M. Alexandre Piedagnel, la lettre suivante, qui se trouve être l'image parfaite de la dernière soirée que nous a consacrée Mlle Déjazet : »

A M. CH. THÈZE,

Directeur des *Tablettes des Deux-Charentes*.

Paris, jeudi 26 Janvier.

Mon cher ami,

Un malheur irréparable vient de frapper Mlle Déjazet. Je l'apprends à l'instant. Deux dépêches télégraphiques lui ont été adressées coup sur coup, aujourd'hui même, par son fils désespéré. Pauvre grande artiste!... Elle doit, m'a-t-on dit, jouer tantôt, à votre théâtre, devant une foule impatiente, la *Douairière de Brionne* et le 2ᵉ acte du *Mariage de Figaro*, et demain!... demain, frémissante, anxieuse, éperdue, elle arrivera à Paris, où ses enfants l'attendent, comme on attend le rayon consolateur, le coin de ciel bleu, aux heures sinistres de la vie!

Elle va jouer, ah! quelle souffrance, mon Dieu! elle va jouer, la vaillante! en dépit de ses terribles préoccupations, en dépit de son immense douleur. Elle sait tout, absolument tout!... Avant d'entrer en scène, elle aura agité, dans son esprit troublé, de bien sombres pensées. Déjà, elle a regardé l'avenir avec effroi; elle a pleuré jusqu'au soir, en évoquant l'image de sa fille, hélas! si cruellement éprouvée! Elle a pleuré, la pauvre mère, en songeant aux larmes brûlantes que ses enfants versent loin d'elle!

Oh! que cette journée de deuil et de solitude lui a semblé longue!

Cependant l'heure du spectacle va sonner... Elle sonne! La salle est comble. On frappe les trois coups... Le rideau se lève!... La douairière paraît, sèche et revêche; elle marche lentement, péniblement, grondant à droite et à gauche, d'un air solennel, à tout propos — et même hors de propos.

Eh! mais! elle chancelle!... On lui fait boire aussitôt, pour la réconforter, quelques gouttes de vin vieux; et soudain, — ô surprise charmante! — la voilà toute transformée. Sa joue ridée devient vermeille, ses yeux brillent, sa démarche est plus assurée, elle chante d'une voix claire... Qui le croirait? elle chante un refrain leste et joyeux :

« Dans les Gardes Françaises... »

Encore un doigt de Chypre!... La vieille comtesse de Brionne a retrouvé sa gaieté d'autrefois, que chacun supposait disparue pour toujours!... « Allons, voyons, donnez-moi le restant! » dit-elle, en tendant son verre, et les souvenirs de sa jeunesse, orageuse et enrubannée, lui arrivent à la file, au galop!

« Combien je regrette
Mon bras si dodu,
Ma jambe bien faite,
Et le temps perdu! »

Et le trille de la fin du couplet... Ah! ce trille, comme il est délicieux! La foule émerveillée applaudit avec enthousiasme... Et, à ce moment même, l'illustre artiste se détourne furtivement pour essuyer une grosse larme qui tremble au bord de sa paupière rougie. Les spectateurs crient plus fort que jamais : *Bis, bis! bravo!...* sans se douter, hélas! de l'amère douleur cachée derrière ce gai sourire.

Mais l'épreuve n'est pas finie! Il faut tenir sa promesse jusqu'au bout. L'affiche inexorable annonce le 2ᵉ acte du *Mariage de Figaro :* le blond Chérubin doit paraître. Eh bien, le voici! Est-il assez séduisant, ce page! est-il assez mignon, assez timide, assez câlin, assez amoureux! Avec quelle naïveté le pimpant écolier dit : « Je vous aime! » à la comtesse rougissante, — qu'il croit aimer, alors que, tout simplement, il est épris de l'inconnu, du rêve éternel : de l'amour, pour tout exprimer en un seul mot éloquent! Eh oui, de l'amour! A Rosine, à Suzanne, à Fanchette, à Marceline, à toutes les femmes enfin, les bras tendus, la flamme dans les yeux, il crie, l'endiablé, le cher ignorant : « Je vous aime! » avec la même foi, avec le même accent pénétrant, avec la même allégresse! O Chérubin! Beaumarchais, en te créant, nous a donné un pur chef-d'œuvre de grâce printanière, — car tu seras, mon bel écolier, toujours sincère, aimable et confiant... Mais quoi! tu ne t'appelles pas Chérubin, — ton nom véritable est : Jeunesse! — « *Bel oiseau bleu,* » dit la piquante et malicieuse Suzon, en montrant ses dents blanches, « *bel oiseau bleu, chantez la romance à Ma-*

MÈRE ET COMÉDIENNE

dame !... » — « Chanter ? » murmure la pauvre mère dont le cœur est brisé ; « chanter, quand mes enfants pleurent ? » — « Oui, » lui répond tout bas sa conscience, « chante ; le public te regarde et attend. » Alors la mère étouffe un sanglot, essuie une larme à la dérobée, et Déjazet commence, langoureuse, souriante, inimitable ; et la foule ravie retient son souffle, pour ne pas perdre une seule note de ce gazouillement adorable :

« J'avais une marraine,
Que mon cœur, que mon cœur a de peine !... »

Oh ! oui, courageuse femme ; en effet, tu dois bien souffrir ! Quelle soirée, mon Dieu ! L'artiste navrée en compte les minutes ! Cent fois, elle a cru qu'il lui serait impossible de lutter jusqu'à la chute du rideau. Elle a senti ses yeux se voiler, sa voix s'éteindre, ses jambes faiblir, son cœur se gonfler... Mais, à chaque nouvelle morsure de la douleur, elle s'est raidie, vaillante, enfiévrée, décidée à triompher quand même... afin de ne point tromper les espérances d'un public qu'elle respecte et qu'elle aime.

Pourtant, — on a, enfin, baissé la toile ! — voici minuit. Son supplice est terminé !... La salle se vide peu à peu, et chacun, en descendant l'escalier du théâtre, dit à son voisin :

« Ah ! cette Déjazet, elle est, en vérité, merveilleuse ! Elle aura toujours vingt ans ! Comme elle est gaie ! elle rendrait des points aux pinsons ! Quelle verve intarissable, et quelle finesse exquise ! Que d'expression et que de grâce ! Et cette voix argentine et souple ! Et cette mine friponne !... »

Cependant la grande comédienne est rentrée chancelante dans sa loge. Elle n'a point vu les roses semées sous ses pas ; elle n'a point entendu les applaudissements chaleureux et sincères ; on l'a rappelée, ses camarades émus l'ont, en quelque sorte, poussée sur la scène ; elle a reparu, le sourire aux lèvres, — la mort dans l'âme... A présent, la mère, pâle, silencieuse, presque inerte, est tout entière à sa douleur. Elle est libre de pleurer, enfin ! Cela ne regarde personne ! Elle pleure donc, la tête penchée sur sa poitrine, les mains jointes... et les larmes tièdes roulent une à une sur le pourpoint de satin blanc et sur les manchettes brodées du page Chérubin...

Elle resterait là toute la nuit, livrée à cette torture incessante, indicible, si quelqu'un ne venait lui dire, par hasard, qu'il est une heure du matin, que tout le monde est parti depuis longtemps, et que l'on va fermer...

Les choses se passeront certainement ainsi.

Ah ! mon cher ami, ces sortes de souffrances doivent être poignantes entre toutes !

J'en suis sûr, on a applaudi, à Rochefort, —

comme elle le méritait, — l'admirable artiste qui vient d'y donner une série de représentations, pour rendre service à son ami, M. Fillion. Mais combien il faudra lui savoir gré, n'est-ce pas? de son dévouement, de son courage, si, ce soir, elle joue dans de pareilles conditions!

Hélas! bien souvent, sans qu'on y prenne garde, quand la comédie narquoise rit au bord de la rampe, le drame intime et vrai sanglote dans la coulisse... Que de tristesses profondes à l'ombre des folles et bruyantes gaietés! Combien d'abîmes insondables cachés sous les fleurs!...

A. Piedagnel.

LE PALAIS
DU BONHOMME MARCILLE

SOUVENIR DE MEUDON.

LE PALAIS
DU BONHOMME MARCILLE

I

ONNAISSEZ-VOUS le bonhomme Marcille?

Je gagerais que non.

Laissez-moi vous le présenter.

Il est bizarre, je l'avoue, et même peut-être un peu toqué, ce père Marcille; mais, en revanche, il est sincère. C'est un homme convaincu. Qualité précieuse; qualité rare! par le temps qui court. Elle doit militer en faveur de mon héros.

Si ce conteur infatigable et charmant qu'on appelle Alexandre Dumas avait rencontré le vieux

Marcille, par un jour de soleil, sur la route de Meudon, ses *Mémoires* ou ses *Impressions de voyage* se seraient, à coup sûr, enrichis d'un chapitre entièrement consacré à ce singulier bonhomme et à son étrange maison.

On va souvent bien loin chercher du nouveau. Vous et moi, chère lectrice, aimons assez, à nos heures, la fantaisie et le caprice... et nous ne sommes pas seuls!

L'imprévu est très à la mode, cette année. Un petit grain de folie ne messied à personne. C'est, du moins, l'avis de tous les sages.

Le palais du bonhomme Marcille a donc, en ce moment surtout, quelques chances de devenir célèbre; — et, si cela peut vous être agréable, je m'empresserai, sans autre préambule, de faire ici l'historique de ce curieux logis et de son vieux propriétaire.

Je tâcherai de ne pas abuser de votre gracieuse indulgence.

Commençons par Marcille, si vous le voulez bien.

C'est un bonhomme de quatre-vingts ans environ, court, trapu, parcheminé, ridé comme une pomme de reinette conservée depuis six mois dans un fruitier, — mais ayant l'œil vif et presque toutes ses dents, — qui ne sont plus, par exemple, aussi blanches que celles de Mlle Pierson.

Je le vis, pour la première fois, un dimanche du « joli » mois de Mai. Le temps était superbe. Vous épargnerai-je la description du ciel bleu, du feuillage épais, des bourdonnements d'abeille, des petites fleurs du sentier, du ruisseau murmurant ?... — Oui, certainement. A quoi bon s'attarder en faisant ainsi l'école buissonnière ? — Je reviens au bonhomme.

Il me fit visiter son « palais », de la cave au grenier. Une blonde cousine de dix-huit ans, — dont j'étais le mentor ce jour-là, — (cet âge est sans pitié !) me joua, en riant, le mauvais tour de lui déclarer que je noircis du papier, un peu par profession et beaucoup pour mon plaisir.

« Ah ! mossieu ! » s'écria aussitôt le père Marcille, « si vous consentiez à parler de ma maison
» dans les journaux, quel bonheur pour moi !

» — Tiens ! c'est vrai, » s'écria ma jeune parente, « écris donc quelque chose sur ce bon-
» homme. » Et elle ajouta, en se penchant à mon oreille : « Il est si drôle !

» — Mais...

» — Mais quoi ? Ne faites pas le méchant, mon-
» sieur !... Dites oui. Oh ! la bonne idée ! Ça
» m'amusera.. Tu seras bien gentil. Je te don-

» nerai des notes pour ton article, sois tran-
» quille. »

Je n'étais pas tranquille. Cependant, le moyen de résister? J'aurais voulu vous y voir, ami lecteur! Le vieux paysan pleurait de joie par avance. Francine (ma cousine se nomme Francine) souriait en me regardant. Et quel sourire, bon Dieu!

Je promis tout ce qu'on voulut.

« Alors, » fit Marcille, « il faut donc que je
» vous raconte mon histoire? » (Soyez sans inquiétude, je vous ferai grâce des divagations du bonhomme. Quatre lignes de biographie, — et vous en serez quitte pour la peur.)

« Mon nom est Louis-Léger-Mesmin Mar-
» cille. Mon père était maître d'école. Moi, j'ai su
» lire... mais je ne peux plus trouver de lunettes
» qui aillent à mes yeux. Je suis né à Bleury, près
» Chartres, le 4 Juillet 1784. Quand j'avais vingt
» ans, les filles de Bleury disaient que j'en valais
» bien un autre à la danse — et ailleurs; mais, à
» présent...

» — Ce n'est plus ça! » interrompit Francine, toujours malicieuse.

— « Dame non! » répliqua le vieillard, en riant bruyamment; « on ne peut pas être et avoir été!

» — C'est parfaitement juste, et cet axiome est
» connu, » lui dis-je. « Parlons de la maison.

» Quand avez-vous commencé à la construire?
» — Ah! mossieu! elle n'est pas bâtie d'hier! La
» première pierre des fondations a été posée, il y
» aura quarante-sept ans vienne la Saint-Michel,
» — et elle n'est point terminée, tant s'en faut!
» Mais aussi, c'est moi qui ai tout fait; et regardez-
» moi ça : c'est solide, voyez-vous, à défier les
» boulets.

» — Vous êtes donc architecte ou entrepreneur
» de travaux ?

» — *Architète?* Pas du tout. Je me moque bien,
» par exemple, de leurs griffonnages et de leurs
» dessins tricolores... Ça ne sert à rien.

» — Pourtant...

» — A rien, j' vous dis. C'est des bêtises. J'ai
» tout arrangé, sans rien mettre sur le papier.
» Comme l'a écrit là-haut un *artisse* qui est arrivé
» ici voilà un mois : « Marcille est l'égal de
» *Socrate*. — Il a bâti lui-même sa maison et ne
» s'en trouve pas plus mal. »

» Le dimanche, lorsqu'y fait beau, on vient ici
» par curiosité avant d'aller au bois, — ou bien
» en en revenant. Je vends du vin pas méchant
» aux messieurs, j'offre des échaudés aux petites
» dames, et je fais mes affaires... parce que je ne
» suis pas ambitieux.

» Il y a déjà beaucoup de messieurs de Paris
» qui ont mis leurs *épitaphes* sur les murailles de

» mon palais, comme ils disent. Regardez plu-
» tôt... »

Le bonhomme avait raison. Nous lûmes, — non sans surprise, — les noms de Timothée Trimm, de Siraudin, de Thiboust, de Delaage, de Nadar, etc. agrémentés de paraphes fulgurants. Seulement, je le confesse, la plupart des signatures me semblèrent apocryphes.

Le père Marcille continuait son bavardage. Francine grignottait les échaudés et riait en tapinois ; — et moi, tout en me cramponnant à la table vermoulue, j'essayais de boire à petits coups l'argenteuil « première » du maître de léans.

Arrivons — sans plus tarder, — à la description de son grotesque logis.

Un Anglais, par nature ami du confortable, aurait poussé des cris de paon à la vue de cette maison abracadabrante. Construite en silex et en cailloux polis, ramassés çà et là, avec une patience infinie, elle ne ressemble en rien aux habitations familières aux Parisiens. Des caves profondes, irrégulières, absolument sombres, même à l'heure de midi, servent de chambre à coucher, de salle à manger et de salon au bonhomme. Son lit est disposé dans une cavité humide, non tapissée, bien entendu, et dépourvue de rideaux. Le plancher, affreusement raboteux, est plein de crevasses. Les étroites fenêtres, de formes diverses, percées à des hauteurs inégales, sont, au premier et au second étage, garnies de vitraux coloriés, fêlés et disparates, provenant d'anciens couvents démolis au temps de la Révolution.

Par ci, par là, on entrevoit des escaliers fantastiques, droits ou tournants, aux marches disjointes et tremblantes, qui mènent on ne sait où, — souvent à rien. Des débris de vieilles sculptures ont été placés au hasard, soit dans les angles des pièces, soit au-dessus du chambranle des cheminées. Au sommet de ce bizarre et inextricable édifice, — œuvre de persévérance d'un paysan trop fantaisiste, qui l'a bâti sans se lasser, pierre à pierre, avec un amusant orgueil, — on distingue une sorte de belvédère imparfait, ouvert à tous les vents, et en forme de lanterne.

A chaque pas, de l'imprévu, trop d'imprévu ! — On risque sans cesse de se casser le cou. Sans raison, à tout propos, on monte ou l'on descend. Les chambres sont nombreuses, et toutes à peu près inhabitables. Les cheminées doivent fumer à l'envi. Les murailles, d'une épaisseur extraordinaire au rez-de-chaussée, sont rugueuses et singulières d'aspect. Ce nid est plein de surprises... désagréables. Le soleil, quand viennent les jours d'été, essaye quelquefois de regarder un moment aux fenêtres, mais ses rayons pénètrent comme à regret dans cette demeure, aussi inhospitalière qu'originale, — fruit monstrueux de près d'un demi-siècle de travail obscur, ardu, infatigable.

A l'endroit même où s'élève cette maison invraisemblable, impossible, — dans le coquet village de Bellevue, à l'entrée du bois de Meudon, — il y eut jadis une montagne de sable, que le père Marcille enleva, pour ainsi dire, poignée à poignée... Il se montre très fier de son œuvre. Au double point de vue de l'étrangeté voulue, et, surtout, de la patience obstinée dont il a fallu faire preuve, elle mérite, en effet, d'être signalée à l'attention des esprits curieux.

Comme bizarrerie suprême, — notons ceci en passant, et passons vite! — le vieillard a construit près de son alcôve abrupte un caveau funèbre à lui destiné. Des cailloux sont, en beaucoup d'endroits, disposés d'une manière sinistre. On ne pourrait, j'imagine, songer à décrire minutieusement ce domicile étrange, fantastique... Ce que j'en ai dit me semble suffisant pour en donner une idée.

Je ne sais si, — à l'heure où j'écris, — le père Marcille est prêt à faire les honneurs de son « palais ». — En le quittant, l'an dernier, Francine lui avait prédit que pendant bien longtemps encore il serait de ce monde, — mais j'ignore si ma jolie petite cousine possède réellement le don de prophétie.

Quoi qu'il en soit, le *palais,* sans nul doute, est toujours là, — inachevé, absurde, — et se tenant debout par la force de l'habitude.

Dans le cas probable où vos occupations vous laisseraient, de loin en loin, quelques loisirs, je ne saurais trop vous engager à le visiter, — en profitant d'un beau jour de printemps ou d'automne. Vous pourrez voir (admettons que cette excursion vous tente) le bois de Meudon — par la même occasion, — avec ses frais tapis émaillés de fleurettes, ses ombrages doucement frémissants, ses sentiers mystérieux... et, j'en suis sûr, vous me remercierez de vous avoir conseillé ce petit voyage, — surtout si votre âge, madame, et celui de votre compagnon de route, réunis, ne forment pas un demi-siècle... et si vous vous aimez.

Ainsi soit-il!

ADIEU, PIERROT!

SOUVENIRS DE L'ANCIEN PARIS

ADIEU, PIERROT!

SOUVENIRS DE L'ANCIEN PARIS
(1862.)

I

Je connaissais, dans la capitale, un théâtre où l'on était toujours à peu près sûr de s'amuser. Voici pourquoi : A peine la petite pièce dite *lever de rideau* était-elle à moitié, que déjà un courant sympathique s'établissait entre la scène et la salle. Les acteurs, en jouant, paraissaient s'amuser franchement eux-mêmes, et le public, voyant cet entrain, riait, lui aussi, très volontiers, — à propos de tout, et quelquefois (car il faut être juste !) — à propos de rien. Cependant, en général, le menu de la soirée était satisfaisant. Il se dépensait beaucoup d'esprit, et du plus jeune, du plus pétillant, dans le petit théâtre dont je veux parler.

Si vous broyiez du noir, si vous étiez poursuivi par des préoccupations ennuyeuses : un tailleur à payer, un mauvais dîner à digérer, une maison à vendre avec perte, une liquidation à opérer, des fâcheux à recevoir... vous n'aviez qu'à vous rendre aux *Folies-Dramatiques*. Au bout d'une heure, l'oubli était venu. Adieu les fâcheux ! adieu les créanciers ! adieu l'indigestion ! adieu les ennuis ! — La pluie cessait, le ciel redevenait bleu, et vous retrouviez vite le rayon de soleil de l'espérance.

Mais, hélas ! rien ne dure ici-bas ! Le théâtre des Folies-Dramatiques a disparu du boulevard du Temple, où, depuis longues années, il représentait si bien la gaieté, au gros sel parfois, — mais, du moins, franche et communicative, — gauloise, pour tout dire en un mot, et valant mieux, à coup sûr, que le marivaudage sous lequel, d'ordinaire, on ne trouve point l'esprit.

II

Mon Dieu, oui ! l'heure fatale a sonné ! La légion des démolisseurs est accourue sans pitié ; — les

Folies-Dramatiques ne sont plus aujourd'hui qu'un monceau de ruines (1).

Et même ce théâtre n'a pas été le seul frappé! Pour créer une artère nouvelle, pour ouvrir le boulevard du Prince-Eugène, ses voisins ont été rasés, eux aussi, sans miséricorde.

Ces petites salles enfumées, dédorées, où, depuis si longtemps, on chantait tant de flonflons, ont soudain cessé d'exister. — Voyez-vous cette montagne de décombres? C'est là que se trouvaient les *Délassements-Comiques*, où Rigolboche, — une étoile filée! — lança ses premiers coups de pied de côté, au milieu des applaudissements frénétiques de messieurs les gandins et de la fleur des Athéniens modernes! — Voyez-vous ces débris de décors fanés, ces poutres vermoulues, ces châssis brisés : c'était la *Gaîté*... c'est-à-dire le théâtre où les Parisiens pleuraient le plus abondamment. On ne saura jamais quelle effroyable consommation a été faite de cris déchirants et de sanglots, d'imprécations, de poignards et de poison, sur la scène de la *Gaîté!* — Et tout auprès, ces tristes amas de plâtres

---

(1) On les a réinstallées, plus luxueuses, rue de Bondy, 40. Maintenant, c'est l'opérette qui y règne sans partage — et non sans gloire : la *Fille de Mme Angot*, les *Cloches de Corneville*, etc., l'ont prouvé déjà par des centaines de représentations.

et de moellons, ces oripeaux fripés, cette poussière blanchâtre vous représentent le *Petit-Lazari* et les *Funambules*. Tenez, voici des lambeaux de la robe à paillettes de Colombine, voici la batte d'Arlequin et la robe de chambre à ramages du vieux Cassandre... Au milieu de cette solitude, n'entendez-vous pas des cris plaintifs? n'apercevez-vous point un pâle fantôme, soupirant au clair de lune?... C'est Pierrot, qui vient gémir sur ces ruines désolées, car les anciens théâtres du boulevard « du Crime » seront bientôt tous reconstruits, çà et là, dans la grande ville, — excepté le sien et le Lazari! Pauvre Pierrot!

Nous ne verrons plus sa tête enfarinée et ses mines si bouffonnes; nous n'entendrons plus son rire guttural... C'est fini, c'est bien fini! Adieu, Pierrot!

III

Combien, pourtant, nous avons applaudi à ses grimaces et à ses joyeuses malices! — L'un de nos meilleurs écrivains fit naguère, en quatre volumes, l'éloge de Pierrot-Deburau; en dépit du plaidoyer éloquent de Jules Janin, et, malgré les supplications de Théophile Gautier et de Champfleury, on l'a chassé impitoyablement!... Adieu, Pierrot!

A l'aide de ses burlesques contorsions et de ses gambades échevelées, il consolait bien des pauvres diables qui ne savaient pas toujours où déjeuner le lendemain du spectacle..... Jeunes et vieux, chacun criait : *Bravo!* Il avait des trésors de gaieté et d'imprévu. On ne débitait point chez lui d'interminables tirades bien sonores... et bien vides, comme celles qui abondent dans le *Château de Pontalec* (un château de cartes!), mais, en revanche, on gesticulait fort, et les coups de théâtre finissaient le plus souvent par... des coups de bâton. Qu'importe! l'effet à produire réussissait constamment. On riait, on riait à se tordre... et c'est si bon de rire, — surtout quand on a mal dîné!

A présent, il faut dire un éternel adieu à toutes ces joies, à toutes ces grosses gaietés franches... Adieu, Pierrot!

Qu'il y avait de belles fêtes, le dimanche surtout, dans cette humble salle des Funambules! Chacun applaudissait à tout rompre. Oh! les bonnes soirées! Les places coûtaient si peu et le spectacle durait si longtemps! Et puis, les plaisirs étaient variés : on buvait du coco et de la limonade à deux liards le verre; en écoutant, en regardant Pierrot, on mangeait du flan, des cerises, de la galette, du pain d'épice et des noix, des pommes vertes ou des marrons grillés, suivant la saison. Le *Rameau d'Or*, les *Mémoires de Pierrot*, le *Violon magique, Pierrot marié, Pierrot valet de la Mort*, et cent autres merveilleuses féeries-pantomimes, composaient l'admirable répertoire de cet heureux théâtre. Quels francs succès! et quels bravos, et quels rires bruyants! Mais, hélas! tout s'en va... Adieu, Pierrot!

IV

Les enfants l'adoraient. Les bonnes et les militaires, les *titis* en belle humeur, les petites ouvrières aux joues roses, au nez retroussé, messieurs les concierges et mesdames leurs *épouses* lui rendaient justice.

Charles Nodier n'avait eu dans sa vie qu'une faiblesse : son amour passionné pour Polichinelle et pour Pierrot. Il passait de longues heures, — qui lui semblaient bien courtes! — à les écouter et à les regarder. Quelquefois il arrivait en retard à son bureau, et lorsque, par hasard, on lui en demandait la raison : « Que voulez-vous, » disait en souriant l'auteur de la *Fée aux Miettes*, « j'ai, » chemin faisant, rencontré Polichinelle! » Après dîner, il allait voir la magnifique pantomime du *Bœuf enragé,* et il trépignait d'enthousiasme. — Cet homme excellent avait même écrit pour son ami Pierrot (sans la signer) une désopilante pantomime qui s'appelait *Blanc et Noir.* — Pauvre Pierrot! tes beaux jours de triomphe sont loin... — Aujourd'hui, cher poète, vous seriez bien attristé : Pierrot n'a plus de gîte, il est exilé... Adieu, Pierrot!

V

Allons, — c'était écrit, — la pantomime devait mourir!

Jadis, ainsi que Nodier, ainsi que Champfleury, Jules Viard et Alexandre Guyon, M. Pol Mercier faisait des pantomimes, et Paul Legrand, le spirituel Pierrot des *Folies-Nouvelles,* les jouant cent fois de suite, parvenait toujours à dérider le front des plus moroses. L'auteur et l'interprète s'entendaient si bien alors, que le *divin Théo* les nommait volontiers *les deux Paul,* — ajoutant à l'occasion : *les deux pôles* (histoire de rire!), dans son feuilleton du lundi, au rez-de-chaussée du *Moniteur officiel.*

Maintenant, — ô destin bizarre! — Paul Legrand a quitté Paris... (1) Son dernier directeur, M. Eugène Déjazet, lui disait fréquemment : « *Parle, et reste avec nous!* » L'infortuné Pierrot ne put se résigner à délaisser ainsi sa chère pantomime. Certain jour, il étouffa un gros soupir; il essuya une larme furtive et la farine qui lui couvrait le visage; puis, saisissant brusquement son paletot et son chapeau, sans regarder en arrière, — il partit!

Il partit. — Pol Mercier est resté, lui! Mais, oublieux des belles soirées de *Pierrot bureaucrate,* du *Chevrier blanc* et de la *Sœur de Pierrot,* l'ingrat piétine aujourd'hui sur la pantomime. On raconte

---

(1) Il fut, à cette époque, chercher la fortune à Rio Janeiro — et ne l'y rencontra point! En Novembre 1884, nous retrouvons Pierrot dans son cher Paris. Après de nombreuses pérégrinations et de rudes épreuves, il est devenu à la fois très vieux, très cassé et tout à fait pauvre. Heureusement, un fidèle camarade, M. Frédéric Febvre, l'éminent sociétaire de la Comédie-Française, a, sans retard, plaidé éloquemment la cause de son ami Pierrot. Une souscription abondante ayant tout arrangé, voilà Paul Legrand enfin à l'abri de la misère.

Ajoutons qu'à la fin de l'an dernier, à l'*Alcazar d'hiver,* on a joué avec succès une revue intitulée : *Mon ami Pierrot,* les principaux rôles étant tenus par Thérésa et Paul Legrand.

A. P. (Novembre 1885.)

même tout bas qu'il écrit, en collaboration, des comédies en vers et des vaudevilles où dix personnages parlent pendant trois heures!!!

Ah! les Dieux s'en vont!... Deburau, Paul Legrand, Kalpestri, votre règne est bien fini...
Adieu, Pierrot!

Paris, Octobre 1862.

IL FAUT COURIR DEUX LIÈVRES

SOUVENIRS D'IL Y A VINGT ANS

IL FAUT
COURIR DEUX LIÈVRES [1]

 A Sagesse des Nations a dit sentencieusement : *Il ne faut point courir deux lièvres à la fois !...*

Elle est déjà bien vieille — la Sagesse des Nations, — aussi nous devons l'excuser lors-

---

[1] Cet article a paru, d'abord, dans le *Figaro* du 16 Février 1862 ; il a été publié, de nouveau à Paris, le 15 Juillet 1865, avec des additions. C'est cette reproduction que l'on donne ici.

Parmi les nombreux auteurs mentionnés, combien, hélas ! sont morts ou presque oubliés !... En revanche, quelques-uns se portent à ravir, et ont fait beaucoup de chemin, au bruit des applaudissements. Il en est même jusqu'à trois qui se reposent à présent dans des fauteuils fort enviables, sous la célèbre coupole du palais Mazarin !

A. P.

qu'elle « bat la campagne », — ce qui lui arrive plus souvent qu'à son tour.

Courir deux lièvres?... mais c'est là, au contraire, une idée vraiment heureuse et charmante, une précaution intelligente! — Nous allons le prouver tout à l'heure... si vous le permettez.

Tenez, par exemple, les auteurs dramatiques du jour... — sans aller plus loin, sans chercher ailleurs, — choisissons-les pour notre démonstration. On les trouve en chasse l'année entière; et — pour la plupart — courant deux lièvres tant qu'ils le peuvent.

Or, qu'en advient-il, en fin de compte?

Ils prennent du ventre (ceux que le hasard favorise!) — à mesure que leurs cheveux les quittent — et que leur bourse s'arrondit.

Ces privilégiés ont alors du trois pour cent, de l'Orléans et du Lyon; des villas délicieuses, de vieux châteaux et de jeunes femmes... ils dotent leurs filles, le cas échéant, ni plus ni moins que des banquiers. Leur table est bonne, leur cave meilleure. Ils voient, sans cesse, graviter autour d'eux des *amis* qui les applaudissent : tout leur sourit; ce qui les rend, d'habitude, à ce moment fortuné, d'un commerce facile, d'humeur joyeuse et débonnaire.

Et pourquoi?

Parce qu'ils ont eu l'esprit de courir deux lièvres.

En effet, voilà tout le mystère. Ils ont su mener de front deux occupations, dont l'une, cependant, est l'antipode de l'autre. — Jugez-en. J'en vais passer... On ne saurait épuiser toute la liste !

M. Camille Doucet, chef de division au ministère d'État, réussit à merveille au Théâtre-Français ; Jules de Wailly, qui nous a donné le *Mari à la campagne*, est chef de bureau au ministère de l'Intérieur ; Alexandre de Lavergne, l'auteur de *Mademoiselle Aïssé* et de *Brancas le Rêveur*, occupe la même position officielle au ministère de la Guerre ; Deforges, son collègue aux Archives, a écrit, avec de Leuven, le *Bijou perdu*, pour Marie Cabel ; et *Vert-Vert* et *Sophie Arnould*, pour Virginie Déjazet.

M. Arsène Houssaye, inspecteur général des Beaux-Arts, a crayonné la *Comédie à la fenêtre*. — Un illustre homme d'État (1) n'a pas dédaigné de composer, à ses moments perdus, des bouffonneries qui deviendront centenaires. — M. Émile

---

(1) Le duc de Morny, auteur de *M. Choufleuri restera chez lui...*, etc.

de Girardin, non content de griffonner des alinéas politiques, commettait récemment une comédie en trois actes, et il sera bientôt, dit-on, coupable de récidive.

M. Arsène de Cey, l'un des auteurs du *Mari d'une Camargo,* est employé au ministère de l'Agriculture et du Commerce. M. Achille Eyraud, qui écrivit les paroles de l'opérette *Jean et Jeanne,* pour les débuts de Dupuis aux Folies-Nouvelles, et, plus tard, *Francastor,* pièce jouée par Tissier au Théâtre-Déjazet, est commis au ministère de la Justice.

M. Alphonse Daudet, l'aimable auteur de la *Dernière idole,* des *Absents,* de l'*Œillet blanc,* etc., est secrétaire de S. Exc. le président du Corps législatif; son collaborateur habituel, M. Ernest Lépine, est auditeur au Conseil d'État.

M. Aylic Langlé, qui a écrit l'*Homme de rien* et la *Jeunesse de Mirabeau,* remplit les importantes fonctions de chef du bureau de la Presse. Théodore Barrière, l'auteur applaudi des *Filles de marbre,* des *Parisiens de la décadence,* du *Piano de Berthe,* du *Feu au couvent,* des *Faux bonshommes,* et de tant d'autres comédies charmantes, était attaché au ministère de la Guerre, section du Dépôt des fortifications. — On raconte qu'en deux heures il expédiait son travail de bureau et qu'aussitôt après il disparaissait... pour ne plus revenir de la journée. Th. Barrière se chargeait volontiers des copies de dépêches, rapports, etc.; cette occupation mécanique lui permettant de penser à toute autre chose qu'à son ministère.

M. Henri Rochefort, qui a dévoilé, au profit du théâtre du Palais-Royal, les *Petits mystères de l'Hôtel des Ventes,* était employé à l'Hôtel-de-Ville. Mario Uchard, le père de la *Fiammina,* et de la *Charmeuse* (qui n'a charmé personne), est boursier. Léon Laya, l'auteur des *Jeunes gens* et du *Duc Job,* fut autrefois employé au ministère des Finances. Un beau matin, il donna bravement sa démission : ses pièces l'avaient rendu assez riche! Charles Edmond (M. Choieski), qui a fait jouer l'*Africain* dans la maison de Molière, était bibliothécaire. Alphonse Karr, l'auteur de la *Pénélope Normande,* et de la *Rose jaune,* en répétition rue de Richelieu, est jardinier à Nice. Moléri est horticulteur; son collaborateur ordinaire, Léonce, sous-chef au ministère de la Justice, a remporté, en sa compagnie, quelques jolis succès... Il y a bien eu le *Revers de la Médaille...* mais, on le sait, les jours de pluie font valoir les heures de soleil!

Eugène Labiche, — l'un des princes de l'agriculture, — défriche la Sologne depuis plusieurs années, tout en écrivant, d'une main légère, le *Voyage de M. Perrichon*, les *Vivacités du capitaine Tic*, la *Poudre aux yeux*, et bon nombre d'autres comédies et vaudevilles pleins d'observation et d'entrain.

Henry de Kock, le fils du plus gai romancier de France, a été dans les Douanes ; Charles Nuitter est dans le barreau ; A. de Jallais, l'un des fournisseurs attitrés des petits théâtres, est dans les assurances ; Pierre Zaccone dans les Postes, — et Siraudin dans la confiserie jusqu'au cou.

Pol Mercier, l'auteur de *Freluchette*, du *Roman du village*, de *Méridien*, de *Triolet*, etc., a composé les meilleures scènes de ses pièces sur son pupitre du ministère de la Marine. M. Grasset, sous-chef de bureau, à l'étage au-dessous, a écrit en collaboration avec M. Jautard, son collègue, sous le pseudonyme de Henri Vernier, la *Chanson de Margot*, le *Fils de Télémaque*, etc. — Laurencin, lui aussi (il s'appelait alors Fromagé), était employé naguère au ministère de la rue Royale.

M. Léon Morand, qui a signé, avec MM. Clairville et Pol Mercier, le *Troupier qui suit les bonnes*, est attaché au musée du Louvre ; et M. Hugot (orné d'un T), vaudevilliste, — au ministère de la Guerre.

Le père de *Croquefer*, des *Troubadours* et des *Petits prodiges*, M. Étienne Tréfeu, qui a créé également *Césarine Borgia* et trempé dans les *Fiançailles de Coquempot*, chez M. Harel, est employé au ministère des Finances. Ornithologiste distingué, cet ami fidèle de Jacques Offenbach charme ses loisirs en causant avec les oiseaux, et cela le console des petites misères de la vie humaine, auxquelles, hélas! personne ne saurait échapper.

M. Alexandre Dumas, « *l'une des forces de la nature*, » selon l'expression de Michelet, a travaillé dans les bureaux du duc d'Orléans. Son écriture lui valait de fréquents éloges, et il raconte même à l'occasion, avec une certaine complaisance, que pour cacheter élégamment à la cire les plis officiels il n'avait pas de rival.

Ludovic Halévy, qui nous a donné le délicieux livret de la *Chanson de Fortunio*, et ceux d'*Orphée aux enfers*, du *Pont des Soupirs*, de la *Belle Hélène*, etc., est secrétaire du Corps législatif. — Ernest Blum et Alexandre Flan, les frères siamois de la littérature *légère*, — jeunes vaudevillistes qui, souvent, gaspillent de l'esprit dans les éternelles revues des Folies-Dramatiques, — ont fait partie d'une administration privée. Les Délassements-Comiques, dirigés par M. Sari, eurent la primeur de leur verve originale. — Louis Couailhac occupe une place de secrétaire sténographe au Sénat; et l'érudit Édouard Fournier, auteur de comédies en vers et d'opérettes, est membre de la Commission du colportage, au ministère de l'Intérieur.

M. Mazères, l'auteur du *Jeune Mari* (l'un des bons rôles de Bressant), était préfet, voilà quelques années; — M. Paul Juillerat, écrivain de mérite, est directeur de la Librairie; — M. Miot, le collaborateur *mystérieux* du fécond M. Clairville, était encore, il n'y a pas longtemps, attaché au ministère de l'Intérieur. A propos de M. Miot, constatons un fait curieux, c'est qu'il n'a jamais mis le pied dans un théâtre, et que, par conséquent, il n'a jamais vu jouer une seule de ses pièces...

Continuerai-je? Non, n'est-ce pas?... Il ne faut abuser de rien!

Un axiome *pour finir* :

Courir deux lièvres est le commencement de la sagesse.

PAR MONTS ET PAR VAUX

Notes et Esquisses

~~~~~~~~

EN NORMANDIE

EN NORMANDIE

AU MONT SAINT-MICHEL

A M. GEORGES D'ÉCOVILLE

En villégiature au château d'Anet.

Mon cher ami,

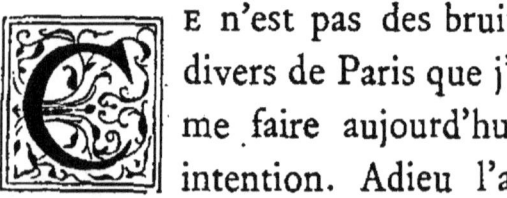e n'est pas des bruits incessants et si divers de Paris que j'aurai le plaisir de me faire aujourd'hui l'écho, à votre intention. Adieu l'asphalte! Courons aux champs! Enivrons-nous d'air et de soleil... Je comprends mieux que jamais, en contemplant

le magnifique paysage déroulé devant mes yeux, la gloire toujours grandissante de Théocrite et de Virgile.

Me voilà en Normandie, et, pour ainsi dire, sur le seuil de la Bretagne.

Depuis environ trois semaines, je visite, à petites journées, et par un temps superbe, le riant pays du cidre mousseux et des toasts interminables. Les Normands suivent, avec empressement et conviction, le conseil désaltérant du chansonnier. D'abord on trinque pour boire, et puis on boit pour trinquer !

Après avoir passé quelques jours (trop vite écoulés) dans cinq ou six villages du Calvados, cachés comme des nids au milieu des arbres, — et où plusieurs braves curés m'ont fait cordialement les honneurs de leurs presbytères, — je suis arrivé à Vire, la patrie si pittoresque du fameux Olivier Basselin, — qui avait toujours soif. Inutile d'ajouter que ce joyeux poète créa le vaudeville.

« Le Français né malin... »

Chacun sait cela.

De Vire on m'a conduit à Avranches par une route charmante. Quatre heures de voiture. On n'abuse pas encore des chemins de fer dans ces heureuses contrées, qui gardent en bon nombre d'endroits, pour cette raison même, tout l'attrait de leur physionomie primitive. Avranches est une ville riche, perchée fort agréablement sur le sommet d'un coteau boisé. Des sites admirables de tous côtés. Les grasses prairies, « vertes et fleuries, » sont émaillées de « grands bœufs blancs, marqués de roux, » bien dignes d'inspirer la muse en cornette des émules de Pierre Dupont et le magique pinceau de Rosa Bonheur. Le regard charmé embrasse un vaste et souriant horizon. A chaque tournant des sentiers, on rencontre l'imprévu. En ville, beaucoup d'Anglais, — partant beaucoup de confortable. Mais il faut trouver, chaque jour, un robuste appétit pour prendre part, sans inconvénient, aux plantureux festins des indigènes; ils durent parfois cinq ou six heures, accompagnés de chansons en douze couplets, dont les convives chantent les refrains avec un entrain qui n'a rien de factice. En ce pays, d'ailleurs, tout est naturel, tout est sincère : ce qu'on voit, ce qu'on boit, ce qu'on mange... et, même, tout (ou presque tout!) ce qu'on dit.

La scène se passe, vous le voyez, à mille lieues de la place de la Concorde.

Pour se rendre d'Avranches au mont Saint-

Michel, il est nécessaire de rouler ou de trotter pendant trois heures.

M'y voici, — et en aimable compagnie !

C'est de l'hôtel du *Grand-Saint-Michel* que je date cette causerie rapide.

Aussitôt arrivés, nous nous sommes mis en devoir de visiter consciencieusement l'abbaye et ses dépendances, les remparts et *la ville,* où vivent sans trop se quereller, cent vingt Chrétiens, pêcheurs et pêcheuses pour la plupart.

Permettez-moi de vous présenter notre guide : Mlle Marjolaine Poulard, âgée de douze printemps, brune et rose, vive comme une abeille, gaie comme un pinson, et connaissant son mont Saint-Michel aussi bien que son *Pater noster,* — et Mlle Marjolaine a toujours été la première au catéchisme de M. le curé.

Je dois résister au désir de vous raconter en détail, aujourd'hui, nos impressions : cela nous mènerait trop loin. Nous avons vu des choses merveilleuses...

Deux fois par vingt-quatre heures, la mer enveloppe le mont. L'élévation des eaux autour du gigantesque rocher de granit, éloigné de la terre ferme de plusieurs kilomètres, varie entre quinze et trente pieds. Çà et là se trouvent des sables mouvants (des lises), qui ont causé, après d'épouvantables agonies, la mort de nombreux voyageurs inexpérimentés.

L'aspect de la ville est des plus bizarres. Les premières constructions datent de dix siècles et même davantage. Une rue principale, fort accidentée, s'enroule autour du mont; quelques jardins égayent le paysage; des escaliers, en granit rongé par le temps, couverts d'herbe, d'orties, et de lichens jaunâtres, surgissent presque à chaque pas; de vieilles maisons se tassent d'une manière inquiétante. Chemin faisant, le voyageur rencontre une chapelle, placée sous le patronage de Saint Aubert, douzième évêque d'Avranches; ruinée à demi par les terribles tempêtes d'hiver; une église rustique (la paroisse) et le presbytère, à mi-côte; puis, couronnant majestueusement l'énorme rocher, la splendide abbaye avec sa forêt de tourelles, de clochetons, d'arcs-boutants, d'aiguilles gothiques, et ses dentelles de pierre, d'une délicatesse inouïe. Je renonce à décrire ici l'immense Salle des Chevaliers, divisée en quatre nefs par trois rangs de colonnes, dont les chapiteaux sont tous différents, et le Cloître, orné de sculptures ravissantes qui ont six cents ans d'existence, et la Basilique, et le Réfectoire des Moines, le Dortoir, l'Église souterraine *des Gros-Piliers*, la *Merveille*, le *Saut-Gauthier*, le Pont *de Dentelles*, la Tour *des Fous*, le Vestibule de la Salle *des Voûtes*, le Cachot *du*

Diable, la *Grand' Roue,* l'Escalier des cachots, les *Montgommeries,* vastes écuries taillées dans le roc, l'ancien Promenoir, etc. Il faudrait un volume!... La hauteur totale de l'édifice est prodigieuse, et le panorama que l'on découvre, quand on est arrivé au sommet, éblouit les moins enthousiastes. L'âme s'élève en présence de ces splendeurs chrétiennes, et bénit le divin Créateur!

Que ne puis-je, mon cher ami, vous envoyer Mlle Marjolaine, notre gentil cicerone! Ses récits naïfs vous séduiraient, j'en suis persuadé. Ma plume étant impuissante à rendre mes pensées, je prends le sage parti de l'abandonner, pour aller revoir encore l'abbaye, les vieux remparts moussus, et la grève, — cette immense plaine de sable, qui sera charmante tout à l'heure, argentée par la lune...

A bientôt, mon cher Georges! Je vais écouter religieusement notre jeune guide, en sabots et en jupon rayé, qui doit venir nous conter les sombres légendes du mont Saint-Michel; — et, par un soir de pluie, j'essaierai de vous les redire, au coin d'un feu clair!

27 Août 1873.

UNE SOIRÉE EXTRAORDINAIRE

A ROCHEFORT

UNE SOIRÉE EXTRAORDINAIRE

A ROCHEFORT

FEUILLETON ÉCRIT EN VOYAGE

ous vous souvenez, lecteur, des fameux couplets de *Giroflé-Girofla :*

« Je vous présente un père !... »

Eh bien, vous les entendrez ce soir, chantés à ravir, — car je vous présente une troupe charmante, pleine de verve et de grâce tout à la fois, qui a été applaudie, hier, très chaleureusement et à de nombreuses reprises. L'Italie est à Rochefort, profitez-en ! M. Jagmet mérite les plus vives félicitations et les meilleurs remercîments du public, pour avoir traité avec M. Angelo Benaglia, le directeur de cette troupe si originale et si séduisante, composée de quarante-cinq enfants.

La *Fille de Mme Angot* a été enlevée, hier, de la façon la plus amusante. Cette Clairette, de neuf ans, gazouille délicieusement. Pomponnet... (avez-vous douze ans révolus, monsieur Pomponnet?) est bien le plus gentil amoureux que l'on puisse rêver. Il danse, il court, il aime, il rit, il pleure, il chante, sans cesser de charmer un seul instant. Ah! le drôle de petit homme! Quelle figure mutine, et quelles jambes de sylphe! Ange Pitou est parfait. La Rivaudière et Trénitz aussi. Mlle Lange a de la distinction; Amaranthe et Javotte ont le diable au corps. Rien de plus attrayant, croyez-moi, que ces dugazons si printanières, que ces sombres *conspirateurs,* qui, dans l'entr'acte, joueraient aux billes ou au cheval-fondu, si volontiers! Ah! le joli hussard! et quel élégant incroyable! Bravo, Babet, bravo, Buteux, bravo, Cadet! Il est véritablement impossible de mieux réussir à amuser. Les chœurs sont excellents, les costumes chatoient, l'entrain est au-dessus de tout compliment. Ce satin rose, ce taffetas bleu clair vont si bien sur ces jeunes épaules; les voix sont si fraîches, les gestes si franchement comiques, les jambes si lestes, la mise en scène si bien réglée, que le spectateur demande *bis,* à chaque instant. Et, certes, on ne lui refuse rien : *Perruque blonde et collet noir...*, et le reste, chantés avec ensemble, sont recommencés sans fausses notes et sans la moindre hésitation. Je les crois, en effet, des comédiens consommés, ces artistes imberbes et joyeux. Saluons donc ces grandes coquettes de dix ans à peine, et constatons en souriant que les jeunes premiers (qui n'ont pas davantage) donnent la réplique aux ingénues, avec une verve admirable! Ah! la jeunesse, quel charme! quelle poésie!

Ce soir, madame; ce soir, mademoiselle, et vous aussi, monsieur, qui me lisez, vous irez assurément applaudir cette mignonne et endiablée troupe Italienne des *Quiriti*, et vous passerez de ravissantes heures, — je vous le prédis, — avec la sémillante *Giroflé-Girofla*, de l'heureux maestro Lecocq; — et demain, peut-être, on vous offrira le *Barbier de Séville* ou les *Noces de Figaro*... Vous verrez alors (si M. Benaglia consent, comme on l'espère, à rester un jour de plus) un *Cherubino di amore*, de sept ans, qui gazouillera la célèbre « romance à Madame », ou un Figaro, du même âge, qui, faisant enrager un vieux Bartholo (de treize ans), protégera Rosine et le comte Almaviva, en riant au nez du fourbe Basile. Allez applaudir, en attendant, *Giroflé-Girofla;* et, surtout, point de retard, car la salle sera trop petite, et il me semble entendre déjà les voix argentines de Marietta Ruggieri, d'Elvira Chezzi, de Rosa, d'Amalia, de Julia, s'unissant à celles de MM. Ginobbi, Carlo Armenise, Giuseppe, Otorio, Alfredo, *e tutti quanti.* — Ah! la bonne soirée qui se prépare!

« Je vous présente un père!... »

N'oublions pas les artistes du ballet, qui font preuve d'une légèreté charmante. L'*Amoureux supplanté,* le grand ballet villageois d'hier, a été mimé et dansé à merveille.

Il n'y a plus d'enfants!

Rochefort-sur-Mer, 15 Octobre 1879.
(*Tablettes des Deux-Charentes.*)

AU BORD DE L'OCÉAN

SOUVENIRS DE SAINTONGE

Jadis. Au bord de l'Océan (Royan)

M. d'Aubépine del. & sc.   Liseux Ed.   Imp. A. Salmon.

AU BORD DE L'OCÉAN

Royan, 6 Août 1881.

I

A ROYAN

« O bonheur extrême !
Je veux qu'ici même
Chacun soit heureux ! »

Es vers du *Chalet*, chantés au Casino devant une salle comble, nous semblent en parfaite harmonie avec l'aspect actuel du pays, avec la physionomie des habitants. Ces rimes fameuses font songer à une félicité absolue, à une joie débordante, que l'on constate à la fois chez les baigneurs et chez les courtois indigènes. Les uns sont contents parce qu'ils flânent à leur guise, parce que le soleil est fidèle et clément, la plage hospitalière, les bois de pins parfumés et agrestes; les autres, parce qu'ils ont loué des gîtes étroits, à des conditions réellement avantageuses, aux amateurs passionnés de la vague bienfaisante, de l'air pur, des soirées du Casino et des excursions pittoresques autour de la coquette ville de Royan, — chaque année agrandie, embellie et toute blanche sous la voûte azurée où les nuages sont si rares !

Tandis que nous écrivons ces lignes rapides, nous entendons trois ou quatre marchandes qui rivalisent d'entrain dans la rue ensoleillée : « *Des poires et des poirillons!... La moule de roche!... Du Royan* (1) *bien frais!... Petits pâtés tout chauds!... De bons gâteaux! En voulez-vous?... Des pains au lait, mesdames! Du sucre-d'orge et des casse-museaux* (2)*!... Voilà la marchande, celle que tout le monde demande! Ah! la voilà, la charmante!...* »
Et ces invitations à la gourmandise, — à la portée

---

(1) Petite sardine du pays, fort appétissante.
(2) Pâtisserie populaire de Saintonge, un peu spongieuse et très indigeste.

des bourses les plus modestes, — sont chantées par des voix aiguës et infatigables.

« O bonheur extrême!... »

On dirait que la Providence, approuvant à l'envi les paroles de Scribe et la pimpante musique d'Adam, vous répète à toute heure du jour :

« Je veux qu'ici-même
Chacun soit heureux ! »

Et tenez, les chèvres alertes et les chevriers de fantaisie s'en mêlent. De tous côtés, dès l'aube, on entend la musique originale et engageante des marchands de lait chaud à la tasse. Les turbulents troupeaux se font une rude concurrence ; nous en avons compté jusqu'à quatre, hier, à Pontaillac (1), offrant leurs services aux frêles baigneuses, aux nourrices sèches et aux bébés altérés.

« O bonheur extrême ! »

Rien ne détonne dans cet ensemble riant.
Le parc du Casino est ombreux et disposé à sou-

---

(1) La *conche* à la mode, à un kilomètre de Royan. En Saintonge, les baies s'appellent des *conches*.

hait; l'orchestre de Constantin charme les oreilles les plus exigeantes; la comédie et l'opéra-comique alternent avec beaucoup de verve; Guignol, sans se lasser jamais, fait rire aux larmes son fidèle public aux joues roses; la salle de spectacle, blanc et or, présente un coup d'œil délicieux, lorsqu'elle est pleine de fraîches toilettes (ce qui arrive tous les soirs); les journaux et les revues émaillent le tapis vert du salon de lecture; le kiosque, au bord de la mer, promet de l'ombre et du calme, et tient ses promesses alléchantes; les bals d'enfants, sous l'épaisse charmille du jardin, réjouissent les yeux et rajeunissent les cœurs!

Sur la célèbre plage de *Pontaillac*, au *Chay*, au *Pigeonnier*, sur la *Grande-Conche*, dans les sinueuses allées du parc, sur le port, partout enfin, on cause à loisir, on rit, on prend ses vacances, sans nul souci du lendemain. Financiers, commerçants, rentiers, fonctionnaires, diplomates et artistes, tous vêtus d'étoffes légères, abritent leur belle humeur sous de larges chapeaux de paille. Combien de femmes jeunes et gracieuses, aux délicates ombrelles épanouies, se pressent sur les promenades; ou, paresseusement assises, écoutent tantôt la musique, tantôt le murmure berceur de l'Océan! Chaque instant de la journée offre un plaisir nouveau. Dès le matin, les baigneurs amis de la solitude peuvent aller rêver sous les pins, ou sur les hauteurs de la pointe de Vallières, couvertes de plantes sauvages à l'odeur de miel.

Aujourd'hui dimanche, de notre fenêtre aux contrevents vert-pomme, nous voyons la mer, un peu houleuse au large. Elle *fleurit,* dirait un matelot Normand. La plage, humide encore et toute parsemée d'empreintes de petits pieds, paraît frangée d'argent. Au loin, quelques voiles tannées se détachent sur l'horizon. Le ciel bleu est zébré — par exception — de nombreux nuages blancs, chassés par le vent d'ouest. — Un vieux petit monsieur à lunettes lit l'*Union* avec quiétude, assis à l'ombre sur un banc, — tandis qu'une grosse dame, en robe saumon, placée en face de lui, fait sur le sable obéissant des ronds avec son ombrelle; un peu à l'écart, plusieurs jeunes filles bavardent joyeusement « sous l'aile maternelle ». L'air pur, le bien-être règnent en ce lieu privilégié, et chaque physionomie annonce l'intime contentement de se sentir vivre !

Notre ami Albert, — un voisin, — apparaît tout à coup, au coin de la place des Acacias.

« Avez-vous vu » nous dit-il, en levant sa tête brune, « la quêteuse de ce matin, à la messe de
» neuf heures ? — Non. Pourquoi ? — Parce qu'elle
» vous aurait fait grand plaisir à regarder. Ce n'est

» pas comme celle de l'autre dimanche, par exem-
» ple; elle avait la taille si mince, si mince que
» c'en était inquiétant! »

Vous saurez que notre ami Albert aura dix ans aux fraises prochaines.

Il ne met pas ses yeux dans sa poche; ajoutons que ce serait vraiment dommage, car ils sont ravissants et promettent beaucoup.

Nous gagerions volontiers qu'ils tiendront tout ce qu'ils promettent. Suzanne et la comtesse n'ont qu'à prendre garde, Chérubin veille!

II

AUTOUR DE ROYAN

ES environs de la jolie petite ville dont nous venons de parler étant admirables, il nous semble intéressant d'en dire au moins quelques mots, afin de donner un aperçu de ces sites parfois sauvages et sévères, mais le plus souvent empreints d'une grâce et d'une fraîcheur absolument séduisantes.

Chez certains lecteurs, nous serons heureux de réveiller ainsi d'agréables souvenirs; puissions-nous faire naître chez ceux qui ne connaissent pas encore le pays dont nous sommes épris un vif et durable sentiment de curiosité! Plus tard, s'ils font à leur tour ces excursions, ils nous sauront gré peut-être de les leur avoir indiquées.

Voulez-vous gagner de l'appétit en vous promenant, le matin, dans un paysage varié et vraiment attrayant? Allez à Vallières, en suivant la

Grande-Conche. Laissant à votre droite Royan, avec ses maisons étincelantes de blancheur, vous aurez, à gauche, un bois de pins dont les parfums toniques vous accompagneront pendant tout le trajet. Sous les pieds, du sable fin à perte de vue; devant les yeux, l'immense Océan; et, au bout de la route, un groupe de rochers, énormes et bizarres, couronnés de sapins élégants et de chênes verts très robustes, entourés d'innombrables touffes d'œillets et d'immortelles. Si vous le désirez, par le bois, vous atteindrez promptement Saint-Georges, ce paisible village où Michelet a écrit son beau livre : *la Mer*. Une plage étendue, sans un galet, et bordée d'une riante ceinture de chalets rustiques et de chaumières, où les pampres flottants, les tamaris, les genêts d'or et les chèvrefeuilles embaumés se marient à l'envi, voilà Saint-Georges. Didonne est à quelques pas, avec ses fermes agrestes, ses moelleuses pyramides de foin frais coupé et ses moulins à vent, semés çà et là.

Plus loin, toujours dans cette direction, on trouve Meschers et Talmont, après avoir traversé des bois verdoyants et de jolis hameaux, aux jardins remplis d'orgueilleux tournesols et d'éclatants géraniums, parmi lesquels se dressent, dans des caisses mal jointes, les sveltes lauriers-roses chargés de fleurs.

Nous gardons de Meschers un souvenir tout spécial, non seulement à cause de ses grottes si étranges, au bord de la mer, mais encore par suite de la rencontre inattendue que nous y avons faite, un gai matin de Juillet.

Sur la place, à côté de l'église, — dont le clocher est curieux, — on voit une maison basse, avec porte vitrée, surmontée de cette inscription : *Musée paléontologique. Droit d'entrée : 25 centimes.* — Nous franchissons le seuil, et nous voilà soudain en présence d'un vieillard en blouse bleue; de taille moyenne, au teint coloré, à l'œil vif, à la physionomie ouverte et distinguée. Des cheveux blancs, assez touffus et longs, encadrent bien cette figure aimable et fine. Nous saluons le fondateur-directeur-préparateur du Musée paléontologique de Meschers-sur-Gironde, M. Gangneux, « chercheur de fossiles », comme il s'intitule modestement lui-même, et nous admirons sa collection qui ne contient pas moins de 50,000 fossiles, recueillis dans les terrains crétacés du quatrième grand mouvement géologique.

Il serait impossible de décrire l'expression de béatitude peinte sur les traits du digne homme, tandis que nous examinions — en profane, cependant, — son *musée,* rempli des vestiges d'un passé depuis si longtemps disparu; avouons-le franchement, le grand-prêtre du temple de Meschers nous intéressait presque autant que ses trouvailles. N'est-il pas juste de rendre hommage, en passant, à cet humble savant de village, qui, depuis trente-neuf années (il en a soixante-quatorze), ne cesse guère d'interroger, avec sa pioche, ses marteaux et ses livres, les innombrables blocs crayeux de ce coin de la Saintonge! En nous montrant les coquilles si diverses, les oursins, les crabes pétrifiés, etc., extraits par lui des masses crétacées, avec une louable persévérance, le visage de M. Gangneux s'illuminait. — Que de joie pour le chercheur obstiné, amoureux de ces études absorbantes, lorsqu'un jour il put partir enfin pour Paris, et communiquer à des connaisseurs émérites ses principales découvertes! Hélas! il fallut vite revenir au pays, après ce rêve réalisé, car, à Meschers, beaucoup de braves gens regrettaient son absence : les figures s'allongeaient, les barbes poussaient dru, à tel point que les ménagères n'osaient plus embrasser leurs fidèles époux au teint hâlé, — même le dimanche ; — mais l'infatigable M. Gangneux reparaît, et les choses rentrent dans l'ordre, et partout renaît l'allégresse!... L'excellent collectionneur n'avait eu pour cela qu'à bien affiler son meilleur rasoir et à faire mousser le savon à outrance... M. Gangneux cumule : il est le Figaro de Meschers-sur-Gironde, jusqu'à midi, et le directeur du Musée le reste du jour.

Après Meschers, Talmont, — un village en ruines, aux rues étroites, tapissées d'herbe et de mousse, — à moitié dévoré par la mer. Le cimetière est en partie détruit ; l'église est menacée, et ce serait grand dommage si elle succombait dans la lutte, car cette basilique du onzième siècle est superbe ; le portail, particulièrement, doit être signalé aux amateurs d'archéologie et aux artistes sincères.

Aimez-vous les excursions en mer? Allez à Cordouan ; le phare est un chef-d'œuvre ; grimpez trois cent vingt-six marches et vous ne regretterez point la fatigue de cette ascension. L'illustre Michelet, qui excellait à peindre le beau et l'utile, a dit éloquemment : « On ne connaît pas assez ce martyr des mers. L'audace, en vérité, fut grande de bâtir dans le flot même, que dis-je, dans le flot violent, dans le combat éternel d'un tel fleuve et d'une telle mer. Cordouan reçoit à chaque instant ou de tranchants coups de fouet, ou de lourds soufflets qui tonnent sur lui comme ferait le canon. C'est un assaut éternel. Au soir, quand il allume brusquement sa rouge lumière et lance son regard de feu, il semble un inspecteur zélé qui surveille les eaux. »

Saluons, avec respect, ce géant bienfaisant, — surtout en songeant aux tempêtes lugubres, aux navires en péril que cette ardente clarté veut sauver, — et sauve bien souvent.

N'oubliez pas de visiter Soulac-les-Bains, et notamment son église, naguère ensevelie sous les sables, pendant des siècles. Une partie du trajet se fait d'une manière amusante, en wagonnets, de la pointe de Grave au Verdon, — et le but est vraiment intéressant. Nous avons dîné, au bord de la plage, dans une auberge bien approvisionnée, et, du reste, en renom pour la *chaudrée* (1), les poulets au blanc, et la sole au gratin. — La blonde fille du logis possède dix-huit printemps, et les plus beaux yeux du monde... Elle nous a servi avec une grâce alerte digne d'un vif éloge... Nous soupçonnons fort, par exemple, les grands yeux noirs et le mutin sourire d'avoir figuré sur l'addition, sous un déguisement quelconque, — mais, après tout, Avril en jupe courte a son prix !

Il faut, d'ailleurs, mentionner un *supplément* improvisé : au dessert, une demi-douzaine de gentilles Saintongeaises, de huit à dix ans, ont dansé dans la cour rustique, en chantant, avec un entrain

---

(1) La *chaudrée* est la bouillabaisse de la Saintonge. Composée de plusieurs sortes de poissons, et cuite à grand feu, on y met du vin blanc, de l'ail, mais point de safran.

et une conviction superbes, la vieille ronde amoureuse :

> « J'ai un cœur à mon côté,
> Qui rouille, rouille, rouille !
> J'ai un cœur à mon côté...
> Qui va le dérouiller ? »

Nous croyons même entendre encore la bande joyeuse répétant naïvement le refrain :

> « Passez par ici, moi par là ;
> Mon p'tit cœur se dérouillera ! »

En vérité, le dîner de Soulac n'était pas trop cher.

Faites-vous conduire aussi à la Grande-Côte ; nous y avons passé, pour notre compte, une journée délicieuse.

Pontaillac se présente d'abord, avec sa plage arrondie, ses rangées de cabines rivales, et, derrière, ses maisons neuves, ses luxueux hôtels, son Kursaal et son bois de pins. — Puis on traverse Vaux. Malgré les incessantes recherches du curé de Tanzac, le plus acharné collectionneur de la contrée, quelques vieilles faïences curieuses s'y trouvaient encore, quand nous y sommes allé.

Nous avons également remarqué, dans ce joli village, une adorable haie de clématites et de chèvrefeuilles; les précieuses assiettes ont disparu sans retard, cédées par leur antique propriétaire; mais la haie opulente est toujours là!

Nous atteignons Saint-Palais, dont le petit vin blanc léger a un très agréable bouquet; et, maintenant, arrivée au Bureau : un vilain nom de pays, une conche charmante, entourée de chalets champêtres, éparpillés au milieu de la verdure. Dans ce coin fleuri, nulle gêne! On s'y baigne en famille, avec accompagnement de rires sonores et frais; tout le monde s'y promène volontiers nu-jambes; les enfants, mouillés et contents, y montrent à l'envi leurs petits mollets brunis; les mères et les tantes se réunissent à l'ombre pour causer beaucoup, en travaillant très peu, — et (paraît-il) sans jamais médire du prochain. Le Bureau, on le voit, est une oasis, succursale véritable du Paradis terrestre!

La voiture roule toujours : voici des vignes, des prés, des hameaux où abondent les tournesols, fastueux et suffisants comme des Mondors ou des Turcarets, — et, enfin, nous nous arrêtons à Terre-Nègre, un rivage désert et désolé dont les rochers sont noirs. Ici l'on descend pour contempler le puits de *Lauture,* où les flots s'engouffrent à grand bruit et en écumant; — profondeur inconnue !

C'est le commencement de la Grande-Côte, — qu'il est impossible d'oublier. — La *plage tragique*, ainsi que l'a baptisée M. Eugène Pelletan, mérite son nom. Les vagues y gémissent sans cesse, et la grève immense est parsemée d'épaves sinistres. Nous y avons vu un bateau, d'assez grande dimension, ensablé, et dont le milieu a été broyé d'une effrayante façon par les lames furieuses. Le ciel était radieux, lorsque nous est apparu ce témoignage de longues angoisses subies pendant une nuit sans étoiles, mais la vaste mer grondait toujours. De tous côtés, aux alentours, des squelettes de navires attristaient le regard; — et, à quelques pas, dans un bois de pins solitaire, nous retrouvions les parfums pénétrants, les joyeuses taches de soleil sur la mousse, les tapis d'immortelles et de pois de senteur nains... La poésie partout! La poésie, qui fait sourire de pitié « les hommes forts », les boursiers habiles, les spéculateurs audacieux...; la poésie, qui est — et sera toujours — la fête de l'esprit, la consolation du cœur.

Et, puisque nous rentrons à Royan, enivré d'azur et de brise marine, courons, pour bien finir la journée, écouter le concert sous les beaux arbres du parc.

On va jouer la *Marche Turque,* de Mozart; l'ouverture du *Barbier de Séville,* et une fantaisie sur l'*Elisire d'amore...* Nous allons rêver encore!

VILLAGES ET RIVAGES
BRETONS

VILLAGES ET RIVAGES BRETONS

I

E mot Breton *Pouliguen* signifie en Français *petite baie blanche*. Ce nom est mérité. Aucune plage de la côte n'est plus sûre, plus unie, d'une courbe plus gracieuse; aucune n'est couverte d'un sable plus blanc et plus fin. Au moindre rayon de soleil, le mica, qui abonde sur ce rivage paisible et hospitalier, étincelle et réjouit les yeux, — en les fatiguant un peu cependant, à la longue.

A Trouville et à Dieppe, en Août, on mène grand bruit et grand train; les baigneuses élégantes jouent nonchalamment de l'éventail, en prenant des poses gracieuses, pendant le concert de trois heures; le soir, elles écoutent distraitement l'opérette à la mode, et applaudissent du bout des doigts les étoiles Parisiennes, engagées « à prix d'or » par les directeurs de casinos ; — au Pouliguen, l'on jase, tout simplement, assis par groupes sur la plage, tandis que garçons et fillettes, jambes nues, en légères blouses de toile, ou même en costumes de bain, élèvent des forts, que la mer détruit sans façon... Dans cette baie, point d'orages à redouter ; jamais la vague n'est en colère ; elle vient, au contraire, lentement et silencieusement, caresser les petits pieds roses des nombreux enfants qui courent sur le sable, surveillés par les mères et les *nounous,* réunies pour travailler sous un abri rustique.

L'heure du bain offre toujours une certaine animation ; peu de lorgnettes, néanmoins, suivent les ébats des naïades, vêtues de laine bleue ou blanche, et coiffées, pour la plupart, de vastes bonnets cirés, commodes assurément, mais d'une franche laideur.

Au Pouliguen, deux établissements, également primitifs, se font concurrence. C'est celui de gauche, dont l'infatigable « mère Pineau » est propriétaire, qui triomphe : *la société* l'a adopté ; l'autre, dirigé par le garde-champêtre, ne voit guère que le « petit commerce ». Le haut négoce se baigne avec délices du côté du port ; le *populaire,* du côté de

Penchâteau. Heureusement, il y a de l'espace, et l'Océan, plein de bonhomie, inonde à satiété, de ses flots tièdes et salutaires, la *fashion* de Nantes et d'Angers, et les gens « du commun ».

Point de casino. Le bois, voisin du rivage, en tient lieu. Quand la mer est basse, sous de beaux arbres élancés on bavarde à loisir, entouré d'épais buissons de genêts, à l'odeur de vanille, qui prodiguent leurs fleurs d'or.

C'est là qu'un matin j'ai aperçu, pour la première fois, la souriante déesse de ces lieux paisibles... une radieuse jeune fille de vingt ans, à la taille souple, au teint mat, aux grands yeux rêveurs et aux longs cheveux bruns, tombant en boucles pressées sur de fines épaules. La tête à demi cachée par son ombrelle rose, elle venait, à pas lents, avec une grâce exquise, du fond verdoyant et touffu d'une allée de chênes et de pins, mouchetée de soleil.

Au Pouliguen, pas de théâtre. Je me trompe, il y a un Guignol; mais un grave indigène me confiait récemment que Polichinelle n'ayant plus de public — qu'en dehors de l'enceinte payante, — son directeur infortuné allait faire faillite.

Le pâtissier Bout, — la gloire de Trouville — et son rival Planta, sont remplacés ici par un modeste fabricant de *berlingots*, mal installé dans une baraque, sur le mail; et par la classique marchande de *plaisirs,* qui arrive chaque matin de Guérande, avec sa boîte rouge sur le dos, pour exciter la passion du jeu chez les blondins et les blondines de la plage. *A tout coup l'on gagne!* On tire souvent; mais il est bien rare, hélas! que l'on obtienne du sort vingt plaisirs ou vingt macarons, pour un sou.

Les distractions sont peu variées, et, du reste, on s'en passe aisément. La mer est si clémente, l'horizon si riant, l'air si pur et le bois si ombreux!... A marée basse, les intrépides vont pêcher des moules, des crevettes microscopiques, et, parfois, rapportent des rhumes ou des coups de soleil. D'autres, ennemis de la fatigue, se livrent sur place à des lectures frivoles, à des travaux faciles, ou bien échangent, à l'ombre, des *potins* assortis. Les enfants, après dîner surtout, jouent tour à tour, bruyamment, à *Mon beau Château,* au *Chat et à la Souris,* à *La Tour, prends garde!* ou dansent des rondes vertigineuses, pleines de franche et saine gaieté.

A neuf heures — ou dix, au plus tard, dans les grands jours de folie, — le Pouliguen dort; ce qui est fort sage, attendu qu'il n'existe dans le pays aucun bec de gaz. L'antique réverbère lui-même y est absolument inconnu. Toute l'année, on compte sur la lune. Tant pis si elle ne se montre pas!

II

Dans le voisinage du Pouliguen, les grèves ne manquent point; les petits villages non plus. A gauche, voici d'abord la Bôle : une station balnéaire d'avenir. Peu de maisons, pour le moment. Un agreste bois de pins assez étendu. — Calme profond, qui réconforte et qui repose.

Un peu plus loin, c'est Pornichet; rien que des chalets. La finance et l'art s'y donnent la main, et piquent des têtes ensemble, très volontiers. Plage de sable, vaste, unie et toute parsemée de frêles coquilles. Des dunes nombreuses où l'herbe pousse; un petit bois de pins et de chênes, à côté, tout rempli d'œillets nains, au parfum délicat et pénétrant. L'aspect d'une plage du Midi. — Lassalle, de l'Opéra, s'y baigne depuis six semaines; on rencontre souvent le « roi de Lahore », en vareuse de flanelle blanche et en grand chapeau de paille, l'air heureux et le teint basané (rien de plus naturel, d'ailleurs, pour un souverain exotique).

En face de la Bôle verdoie Penchâteau, un village fort ancien, bordé de chalets et de jardins,

— qui fait suite au Pouliguen et précède la *Côte sauvage,* hérissée de roches singulières et grisâtres.

Tout auprès, en se dirigeant vers le joli port du Croisic, fréquenté par les « belles petites » de la Loire-Inférieure, voici le bourg de Batz. Des rochers fort élevés encadrent la grève. Le pays est curieux; ce coin sauvage de la Bretagne a gardé sa physionomie austère du temps passé. Pas un arbre, à part un figuier maigre et tortu, en face du presbytère. Les vieilles maisons, basses et sombres, ont un cachet étrange; les lits à colonnes, ornés d'amples rideaux de serge bleue ou verte, et de baldaquins brodés en soie et en chenille jaunes, méritent d'attirer l'attention des touristes.

Avant d'arriver au bourg de Batz, on traverse plusieurs hameaux pittoresques, en longeant des marais salants, émaillés, depuis quelques semaines, de monticules blancs qui sentent la violette.

Roffiat, Kermoisan, Trégaté, Kervalet, tels sont les noms de ces petits villages sans verdure, où des blocs de granit se montrent, à chaque minute, dans les sentiers sinueux.

Au cours de ces notes de voyage, il n'est point question des costumes nationaux : c'est parce qu'avant tout, il faut être véridique. Les *costumes Bretons* n'existent plus, ou, du moins, ne se portent plus. Quelques vieillards s'obstinent à les mettre dans les jours de fête; mais, hélas! on les compte, et les jeunes gens sourient en voyant passer les vestes brodées, un peu fanées, et les larges chapeaux ronds d'autrefois. Deux ou trois paludiers (cueilleurs de sel) s'habillent encore avec les vêtements blancs du temps jadis; au bourg de Batz, il y en a deux : ils ont chacun quatre-vingts ans sonnés. Une vieille femme, courbée et toute ridée, m'a montré ses souliers de noce, d'il y a soixante ans, et une jeune fille de Batz, pour une légère offrande, et afin de contenter les baigneurs curieux des modes anciennes, s'habille avec la robe éclatante, la ceinture dorée et la coiffe de mariage de sa grand'mère.

Les habitants du bourg de Batz, et des hameaux environnants, voyagèrent beaucoup, comme marins, aux siècles derniers; aussi, dans les pauvres chaumières de cette contrée, voit-on fréquemment des plats et des assiettes en vieux Chine et en Delft, ornés des peintures les plus fantastiques, les plus riches et les plus attrayantes... Hélas! toutes ces merveilles, qui brillaient naguère dans les rustiques *vaisseliers* Bretons, sont à présent tristement ébréchées.

Le bourg de Saillé, situé à vingt minutes de l'Océan, et entouré de marais salants, est rempli de débris lamentables de superbes faïences et de porcelaines rares. On y rencontre, notamment, dans les plus humbles logis, noirs, bas et crevassés, des « *bonnes Vierges* » sans têtes, sans bras, ou privées d'Enfants Jésus, et qui, intactes, feraient à bon droit la joie des collectionneurs.

Maintenant, les vieux châteaux et les abbayes sont vides et en ruines... Les chefs-d'œuvre délicats de la sculpture sur bois et de la céramique ont été brisés, pour la plupart, dans la tourmente révolutionnaire. Ceux qui, par un hasard heureux et même surprenant, échappèrent à la destruction violente ou aux ravages des ans, règnent aujourd'hui dans les demeures encombrées et pittoresques des chercheurs obstinés. — Le manoir de Careil est encore décoré de quelques pierres sculptées fort originales. — L'antique ville de Guérande, si bien décrite par Balzac, vaut toujours la peine d'être visitée; sa ceinture de fortifications en granit, qui date de 1431, impressionne profondément. Sur ses onze tours, vêtues de lierre et de rameaux fleuris, elle n'en a perdu qu'une, démolie en 1816. — L'aspect de Guérande est mélancolique; aucun commerce, mais à chaque pas des souvenirs. L'herbe croît à loisir dans les rues, et l'ombre d'un simple flâneur excite la curiosité, sans cesse en éveil, des habitants, qui accourent au plus léger bruit sur leurs portes silencieuses, ou soulèvent les rideaux de leurs étroites fenêtres, ornées de giroflées, de réséda et de géraniums aux couleurs vives.

Pendant nos pérégrinations en Bretagne, nous avons admiré tour à tour de superbes forêts séculaires, des landes immenses, de poétiques plages presque désertes, de gracieuses églises en granit finement sculpté, des monastères imposants, de vastes châteaux, des dolmens et des menhirs moussus... Il nous souvient d'avoir vu, gravé sur la pierre la plus haute d'un curieux monument druidique, le nom fameux de « Coquelin ». Ailleurs, nous avons lu, sur le registre présenté aux touristes par le gardien d'un phare, le nom célèbre et si sympathique de François Coppée, et sur le même livre, celui de Sarah Bernhardt, avec ce simple mot écrit par l'éminente et très fantaisiste comédienne, dans la colonne destinée à l'indication du domicile : « *Partout.* »

Signalons, chemin faisant, la patience vraiment extraordinaire d'un modeste cordonnier nommé Jean Prié. — Quoique n'ayant pas reçu d'instruction première, et par la seule force de sa volonté persévérante, il a formé, dans son âge mûr, après de longues études spéciales, une collection considérable, et classée scientifiquement, des crustacés, des mollusques, des insectes, des oiseaux, des minéraux de la Bretagne, et, surtout, du département de la Loire-Inférieure. M. Ernest Legouvé, qui, à de nombreuses reprises, l'avait vu à l'œuvre, il y a quelques années, l'encouragea beaucoup : c'était justice. Aujourd'hui, Jean Prié, préparateur attitré de plusieurs musées, est propriétaire d'une petite maison sur le quai du Pouliguen; il a exposé une partie de ses trésors, à Nantes et à Paris. On l'a récompensé; il travaille toujours, avec un zèle infini, avec un succès constant. C'est un homme heureux! Il ne fabrique plus de souliers; il a des vitrines pleines à déborder, et chaque fois qu'il trouve une coquille nouvelle, ou un papillon pour lui inédit, il s'écrie, plein de joie, et avec une conviction communicative : « *Il fait bon vivre!* »

Le brave homme possède un *dada,* — et un *dada* utile. Qu'il l'enfourche longtemps et souvent! Jean Prié est un sage.

III

Avant de rentrer à Paris, nous avons parcouru les plages de la Loire-Inférieure qui s'étendent du côté du riant et plantureux Anjou. Ce contraste est à la fois curieux et séduisant. Au lieu de l'aridité sévère, voici l'abondance, la luxuriante verdure, les fruits savoureux, les fleurs brillantes et parfumées.

De Saint-Nazaire, plein de bruit, de charbon, de poussière et de courtiers maritimes, nous sommes allés à Paimbœuf par le bateau à vapeur. Le trajet, qui dure une heure environ, est fort attrayant. Il faut se garder, par exemple, de rester à Paimbœuf, car rien n'est plus triste que cette ville aux pavés aigus, sans commerce et à demi abandonnée.

Prenons vite le chemin de fer, malgré la chaleur torride, et arrivons à Pornic. Les maisons de ce petit port vraiment coquet s'élèvent en amphithéâtre et contemplent l'Océan. Des deux côtés de la baie on rencontre de nombreuses plages de sable, peu larges, mais pittoresques, et entourées de superbes rochers. L'anse *aux Lapins*, et celles des

Cheminées et de la *Source* où coule à marée basse, et sans trêve, une eau ferrugineuse qui s'échappe des rocs de granit, font face aux plages, non moins jolies, de la *Noveillard*, du *Château* et du *Jardinet*.

A la Noveillard, on est un peu plus mondain et plus bruyant qu'ailleurs. En ce lieu agreste se montrent volontiers les toilettes à la mode, les chapeaux excentriques et les costumes de bain brodés, enrichis de ceintures bariolées et éclatantes. — On y cause, on s'y rafraîchit sans excès, on y lit les journaux paisiblement. Le soir, impossible de danser; il n'y a point de casino, — et je ne songe guère à m'en plaindre! Celui qui fut bâti autrefois sur la terrasse du château fit une prompte faillite. Ici, l'on se contente des beautés de la nature; et, du reste, les environs de Pornic sont délicieux. De petites carrioles ou des charrettes légères, traînées par des ânes, conduisent gaiement, sinon promptement, les baigneurs de tout âge dans toutes les directions. La grotte et le vallon de Saint-Martin; Sainte-Marie et les Grandes-Vallées; le village de Saint-Michel, célèbre par ses splendides falaises, d'une teinte rosée, qui se déroulent le long de la côte; Préfailles (en face de l'île de Noirmoutiers), où l'Océan se montre si terrible parfois; la pointe sauvage de Saint-Gildas, la plage gracieuse de la Bernerie, les Moutiers, où l'on voit, au milieu du cimetière, une *lanterne des morts*, très bien conservée : voilà autant de buts de promenades dignes d'éloges chaleureux. Partout, de verts ombrages opulents, d'odorants bois de pins, des moulins à vent égayant à souhait les hauteurs, des ruines druidiques intéressantes, des châteaux lézardés, tapissés de pariétaires et de joubarbes; de coquettes villas, des métairies; à chaque instant, l'aspect change, et toujours les yeux sont réjouis. Devant les maisons rustiques s'élèvent de superbes touffes d'hortensias; et, le long des sentiers, la clématite, qui embaume, se marie au lierre et aux buissons d'*écume de mer* (un arbuste qui pullule sur ces côtes et dont la feuille a un goût fortement salé).

Les cimetières n'ont rien de sombre en ce pays. L'iris et le thym, souvent, y décorent les modestes tombes. Sans cesse, on frôle des bouquets de roses, des guirlandes de chèvrefeuille, des œillets et des lis. Le bruit de la mer arrive jusque-là, mais ce n'est plus qu'un doux murmure, qui se mêle au bourdonnement de l'active abeille et à la chanson du bouvreuil.

Combien de hardis pêcheurs, que la tempête a terriblement secoués naguère, en de lugubres nuits, sont étendus à présent, les yeux pieusement clos et les mains jointes, à l'ombre de la croix protectrice et sous une herbe verdoyante! Le dimanche, après la messe, les veuves et les enfants vont leur dire un touchant : *au revoir !* car, Dieu merci, la vieille Bretagne est la contrée des fidèles croyances, et ces braves gens, vêtus de droguet ou de serge, comptent absolument sur les robes d'azur et les couronnes d'or du paradis.

Peu de costumes à citer. Les femmes ont le tort de négliger de plus en plus leurs coquets habits nationaux; cependant on remarque encore, çà et là, quelques coiffures bizarres et élégantes : les *dormeuses,* blanches comme la neige, pour les jeunes filles et les femmes mariées, et les *câlines,* à bordures noires, plus sévères (malgré leur nom) pour les veuves.

La vie est très facile. Le poisson abonde : langoustes et homards forment des pyramides affriolantes sur les tables du marché, qui a lieu presque tous les jours. La sole accompagne le fin rouget (appelé ailleurs surmulet ou *barbarin*), et la svelte et rose crevette attire l'œil des baigneurs, qui vont, par gourmandise, faire un tour à la halle avant déjeuner. C'est un excellent moyen pour gagner de l'appétit.

J'ai parlé de gourmandise. Cela me rappelle un couple affamé dont j'écoutais hier le bavardage à table d'hôte. La femme disait à son mari, un gros monsieur aux cheveux blonds et rares :

« Mange donc de ceci, *ma chérie,* c'est parfait.

» Goûte ces rougets, ils sont exquis, et quelle
» sauce!... As-tu repris du potage printanier,
» comme je te l'avais conseillé? Il était d'un
» réussi! »

Le gros monsieur rubicond, soufflant, buvant, mangeant sans relâche, murmurait, entre deux énormes bouchées :

« — Oui, ma bonne, tu as raison; certes, je
» reviendrai à ce poisson, mais n'oublions pas le
» gigot, il doit être saignant. Je l'ai recommandé
» tantôt. »

Et Clotilde (la dame longue, pâle et sèche), tout en fonctionnant non moins activement, ne se lassait pas de donner à son Nérestan *(ma chérie!)* des instructions gastronomiques.

La voyageuse était si convaincue, qu'elle aurait mérité de prendre de l'embonpoint.

Vis-à-vis ce couple remuant, se tenait un Anglais raide, impassible, aux larges favoris, ne disant pas un mot, ne regardant personne, mais reprenant consciencieusement de tous les plats.

Une façon à lui — très éloquente — d'exprimer à l'hôtelier sa gratitude et son admiration!

Septembre 1882.

AUX PYRÉNÉES

LE GARGARISME

SOUVENIRS DE LA VIE AUX EAUX

AUX PYRÉNÉES

LE GARGARISME

C E sujet est d'actualité, — particulièrement à Cauterets, — des premiers jours de Juillet à la fin de Septembre.

Dès le matin, à la Raillère, aux Thermes de César, au Rocher, on peut voir une interminable file de malades de tout âge, de tout genre, de toutes nuances, de tous pays, se gargarisant à l'envi.

Les Hébés qui, actives et avenantes, versent la santé d'une main adroite et infatigable, rendent la tâche aisée à leurs clients multicolores, tous armés du verre traditionnel à couvercle de métal.

On croit que l'action de se gargariser est vulgaire et enlaidit. — Erreur! — J'avais hier, à côté de moi, une jeune fille blonde aux yeux noirs, svelte, élégante, mise simplement mais à ravir, qui se gargarisait en silence et avec conviction. Son cou blanc et flexible tendu légèrement, ses yeux clos à demi, son attitude gracieuse, tout concourait à la rendre charmante; je la regardais à la dérobée, et je n'étais pas seul à l'admirer!

L'utilité du gargarisme est chose reconnue depuis longtemps. Ce motif suffirait à lui mériter de chaleureux éloges, en prose et en vers.

Que de projets agréables, que de douces espérances naissent dans l'imagination, tandis que l'on se gargarise posément!

L'ecclésiastique, fatigué par les prédications et les catéchismes, pense à ses sermons futurs, que l'eau de la Raillère lui permettra d'allonger et de multiplier;

La Parisienne rêve aux coquetteries qui, l'hiver prochain, la feront irrésistible;

Le ténor entend déjà les bravos frénétiques d'une salle comble;

L'avocat se promet de fleurir ses périodes sonores, et de gagner toutes ses causes...

Bref, chacun, entre deux gorgées de l'eau bienfaisante, songe à ses affaires ou à ses plaisirs.

Le zèle des buveurs d'eau, en général, est constant. — Tout à l'heure encore, au Rocher, j'entendais un enfant de dix ans à peine demander, avec instance, à sa mère, l'autorisation de boire un verre en supplément.

Après avoir loué le gargarisme, examinons rapidement les principaux types de *gargariseurs* (1).

A la Raillère surtout, entre neuf et onze heures du matin, les gargariseurs abondent et fonctionnent à qui mieux mieux, tandis que le *gave*, à deux pas (semblant se gargariser, lui aussi), roule à grand bruit ses belles eaux écumantes, sur des roches noires et polies, au pied de hautes montagnes, tapissées d'une opulente verdure et couronnées d'une neige immaculée, que le soleil caresse et rend éblouissante.

Commençons donc notre revue :

1° Le gargariseur *distrait*, qui pose le fameux couvercle à côté de son verre plein, au lieu de le mettre dessus, et qui s'oublie volontiers à causer avec les voisins pendant que son eau refroidit.

---

(1) *Gargariseur* : celui qui se gargarise. — Qu'il nous soit permis d'employer ce mot, que nos lecteurs ne trouveront dans aucun dictionnaire.

(Puis il l'avale — de travers, et tousse d'une façon déplorable.)

2° Le gargariseur *chic* (ou *pschutt*), portant son verre de cristal à anse, dans un léger filet rose ou bleu, attaché à un bouton de sa jaquette bien coupée, et soignant avec désinvolture son larynx endommagé, tout en évoquant la fine silhouette de la petite *Machin*, — dont il est complètement oublié.

3° Le *présomptueux*, qui se gargarise avec recueillement, et déclare à tout venant que personne ne s'y prend mieux, ou même aussi bien que lui.

4° Le *pressé*, qui, en trois gorgées, ayant fini son verre d'eau tiède de la Raillère, court à toutes jambes au Mauhourat, pour y terminer son traitement matinal.

5° L'*amateur*, qui, accompagnant des parents ou des amis souffrants, fait de temps à autre comme eux, — par oisiveté, par curiosité, et (à ce qu'il dit) pour profiter de l'occasion et prévenir les maladies.

6° Le gargariseur *gai*, qui essaie sa voix fréquemment à la buvette, en fredonnant un couplet d'opéra-bouffe ou une vieille chanson bachique.

7° Le *mélancolique*, qui marche à pas lents, sans aborder personne, et semble constamment rêver.

8° L'*artiste*, qui, contemplant avec enthousiasme le merveilleux paysage d'alentour, laisse son verre plein sur la tablette, et va admirer une fois de plus la cascade.

9° Le *sybarite*, qui s'assied d'habitude, pour s'humecter la gorge à loisir, et à l'aise. Fait souvent honneur aux berlingots à la framboise, et aux sucres d'orge à la menthe ou au café, de Mme Nogue.

10° Le *fantaisiste*, qui s'empresse de sortir des sentiers battus. — Se gargarise en dehors des Thermes, debout sur une roche, le béret en arrière, près de la route poudreuse, — dominant le gave qui, sans trêve, serpente et tourbillonne à quelques pas.

11° Le gargariseur *maladroit*, qui s'engoue, fait des grimaces involontaires, frappe du pied, devient cramoisi, — et, finalement, ne se gargarise point.

12° Le gargariseur de *seconde année*, qui se soigne afin de consolider sa guérison, — et aussi par reconnaissance.

13° Le *sceptique*, qui murmure (l'ingrat!), en absorbant à la hâte le liquide bienfaisant : « Si ça » ne fait pas de bien, ça ne fait peut-être pas de » mal! »

14° Le *solennel*, qui paraît pontifier, et dit volontiers d'une voix lente et grave, entre deux gorgées : « Cette eau est chaude ; son odeur et son » goût laissent fort à désirer, — mais elle opère des » miracles. Les secrets de la Nature sont vraiment

». impénétrables ! » Et, là-dessus, il ôte son chapeau, qu'il suspend à la patère rustique; puis, assujétissant sur son nez busqué ses massives lunettes d'or, il entame un second verre, en faisant *glouglouter* le liquide, malgré la défense expresse de son docteur.

15° Le gargariseur inexact, *intermittent,* qui, supprimant par indolence la moitié des prescriptions médicales, et exécutant mal l'autre moitié, s'expose à ne pas se rétablir, ou même à aggraver son état.

16° Le *sérieux* (celui-là est la règle vivante; il fait partie de la grande majorité). Se soumettant à ses obligations, simplement et régulièrement, il mérite une prompte et complète guérison, — mais pourtant, hélas! il ne l'obtient pas toujours.

17° Le *méthodique* (variété du genre sérieux) suit à la lettre les conseils de son médecin, qu'il a choisi avec beaucoup de soin (et dont les courtes consultations coûtent fort cher); parfois il étudie, à sec, le mécanisme de l'action qu'il doit accomplir.

18° Le gargariseur *trop zélé;* exagère les qualités du méthodique, et les transforme immédiatement en défauts. Il augmente souvent les doses indiquées, craignant de ne point faire assez; et « pour un empire », il ne retarderait pas de cinq minutes l'heure de son gargarisme quotidien.

19° Le *peureux,* qui craint toujours de boire un

demi-quart de verre de trop, ou d'avaler quelques gouttes d'eau thermale en se gargarisant, persuadé que cela pourrait avoir des conséquences graves.

20° Le gargariseur... Mais on ne saurait épuiser la série. Arrêtons-nous ici (comme disait Scribe, avec musique d'Adam).

Et gargarisons-nous !

Cauterets, 25 Juillet 1883.

FANTAISIES

PROFILS DE BOURGEOIS

PROFILS DE BOURGEOIS

LE MONSIEUR QUI FINIT DE DINER (1)...

'EST là un curieux type, par exemple ! Je vous en fais juge, ami lecteur.

Pour l'étudier à loisir, transportons-nous dans un intérieur aisé, confortable.

Les portes ferment bien, la lampe éclaire à souhait, la cheminée ne fume pas...

Supposons que l'heure du dîner soit sept heures, et que le maître du logis ait réuni quelques convives, — des parents ou des intimes, — à l'occasion de la fête... de sa femme, si vous voulez.

---

(1) La scène se passe à Château-Chinon... ou à Châteauroux, — *ad libitum*.

Vingt minutes après le commencement du repas, arrive, à l'improviste, notre monsieur. C'est un voisin, orné de cinquante ou cinquante-cinq printemps. Trapu, obèse, l'œil émerillonné, la narine ouverte, la bouche gargantuesque.

« Bonsoir, messieurs; mes hommages, belles
» dames! J'ai risqué un quinquet; j'ai vu que
» tous, « autour de cette table », vous êtes de
» très bonne humeur... Vous me plaisez énor-
» mément, et j'entre pour vous tenir compagnie. »

Les invités, — s'ils n'habitent pas, d'ordinaire, la localité, — regardent avec étonnement les deux amphitryons. Ceux-ci n'ont pas l'air surpris.

Le petit gros monsieur s'assied, souriant, — non loin du festin.

Les perdreaux, truffés et flanqués de cailles dodues, vont faire leur apparition solennelle.

Le maître de céans se tourne vers le nouveau venu :

« Duminard, tu vas chanter une de tes *balan-*
» *çoires*...

» — Ah! mais non. C'est mauvais genre, mon
» vieux. On ne gazouille plus au dessert.

» — Voyons donc, monsieur Duminard, allez-
» vous vous faire prier? Dites-nous, tout de suite,
» la *Belle Polonaise* ou le *P'tit Ébéniste!* » insiste la dame.

Le maître de la maison reprend :

— « Imite la scie, la mouche, le chemin de
» fer, le feu d'artifice... Fais quelque chose,
» enfin ! Autrement tu n'auras pas un verre de
» chambertin de derrière les fagots. »

Duminard s'exécute. Il fait la scie, il imite les
fusées, la retraite, le canon, etc. : tout ce qui
semble concerner son état.

Il parle bruyamment, il gesticule autant qu'un
télégraphe affolé du temps jadis, il rit aux larmes
de ses longs et fous récits, parfois un peu trop
salés. Il absorbe — quand même — l'attention
générale à force de bruit.

On sourit de loin en loin. Ceux qui ne sont pas
encore blasés sur ces représentations tapageuses et
monotones, applaudissent, sans enthousiasme cependant. Alors notre monsieur salue comme un
fantoche et fait le gros dos.

Duminard boit « à petits coups » un verre de
chambertin, puis deux, puis trois. Il se rapproche
du groupe des dîneurs, à l'aide de saccades discrètes, habiles, et finit par se trouver attablé et
confortablement installé.

« Duminard, conte-nous une histoire !
» — Celle du singe ! » ajoute un habitué.
— « Ah ! mais non. Vous m'ennuyez, mes
» enfants !

» — Eh bien, » riposte madame, « j'aurai le
» regret, quand l'heure du dessert sonnera, de ne
» pas vous offrir du nougat. Vous l'aimez pour-
» tant, je crois me le rappeler.

» — En effet, belle dame, je suis très favorisé...
» j'aime tout. »

On apporte des fleurs, on embrasse avec effusion la maîtresse du logis.

Duminard n'a pas de bouquet.

« Comment! c'était votre fête? » (Il y a dix ans qu'il en connaît la date). « Ah! je suis un
» grand coupable!... A propos, vous savez, l'af-
» freux choléra est dans nos murs... Et vous avez
» mangé des champignons, imprudents! »

Rumeur dans l'auditoire.

— « Vas-tu te taire, oiseau de mauvais augure! » s'écrie le maître de la maison... « Sois aimable, ou
» laisse-nous tranquilles. Si tu crois que je t'abreu-
» verai et te nourrirai à rien faire!... »

Étant accoutumé aux rebuffades, Florestan Duminard ne se déconcerte pas. Il déguste un verre de vieux pomard, silencieusement, et, après avoir déposé son verre, il dit d'une voix lugubre :

« — Ah! mes amis, combien mon cœur saigne,
» lorsque je songe qu'à cette heure, où nous *baf-*
» *frons* ici, beaucoup de pauvres gens n'ont pas

» dîné, ne dîneront pas peut-être !... et que,
» bientôt, la bise cruelle...

» — Duminard, nous allons nous fâcher ! » murmure l'amphitryon impatienté. « L'histoire du
» singe, ou file !

» — Je préfère stationner, — et goûter un
» doigt de champagne...

» Un doigt, deux doigts, et je me grise !

» J'adore cette mousse enivrante ! »

(*Il chante.*) « Ils n'en ont pas, ils n'en ont pas
» Dans l'Angleterre !

» Voilà, belles dames. Daignez écouter votre
» esclave... »

Nota bene. — L'histoire du singe, que j'abrégerai à dessein, est de l'âge du Pont-Neuf, et, par suite, usée jusqu'à la corde. Mais Duminard la rafistole assez ingénieusement. C'est sa spécialité. Rendons-lui la parole :

« Un capitaine de frégate de mes amis » (primitivement le héros était notaire) « avait rapporté
» du Sénégal un singe de moyenne taille. Un
» jour, en l'absence du commandant, certain

» vieux paysan, son fermier, vient lui faire hom-
» mage d'un panier de pêches. » (Autrefois c'étaient
des figues). « Il trouve le singe et le salue avec
» respect. Le malicieux animal, sans façon, s'élance
» vers le panier et dérobe un fruit — le plus ve-
» louté de la collection. Notre bonhomme, stupé-
» fait, s'écrie : — « Ah! qu'il est leste, le p'tit
» mossieu, et pas méprisant du tout! » La semaine
» suivante, le paysan, rencontrant l'officier de
» marine (en congé dans son pays natal), lui
» dit : — « M'sieu vot' fils aime ben les pêches, et
» il est ben dégourdi pour son âge! — Mon fils!
» Mais je suis garçon, Nicolas! » Le paysan rit
» alors d'un air aimable, et ajoute : « — Ah! ça
» n' fait rin, not' mossieu; quand on a été
» jeune!... Mais vous n' pouvez pas le dénier, y
» vous ressemble comme deux gouttes de lait.

» — Bravo! Duminard. Bravo! Une autre?
» — Savez-vous celle du villageois qui avait
» visité Paris? Elle est bien bonne.
» — Non.
» — On lui demandait : — « Avez-vous vu le
» cèdre du Liban, au Jardin des Plantes? » Et il
» ripostait : — « Ah! oui-dà, et sa *fumelle itou!* »

On rit de nouveau. Duminard s'échauffe, — le
champagne aidant, — et il entame le récit d'une

autre drôlerie qu'il assure avoir inventée, ainsi que les deux précédentes.

Un des auditeurs, — l'histoire finie et applaudie, — déclare qu'il l'a lue dans son journal, quinze jours auparavant.

Notre monsieur prend un air pincé ; — il est vexé au fond — et dit :

« C'est pas gentil ! Il ne fallait pas me la laisser » raconter, puisque vous la connaissiez.

» — Vous la dites si bien, qu'on aurait du » plaisir à l'entendre tous les jours, » répond, d'un ton calme, l'audacieux qui a osé attaquer le narrateur.

Duminard, tout en parlant, sirote une tasse de moka bien sucré, additionné de vieux cognac ; puis un soupçon de curaçao, un doigt de liqueur des moines de l'abbaye de Fécamp, et une larme d'anisette de Bordeaux, — pour activer la digestion.

On lui a successivement apporté des verres, des assiettes, un couteau, etc. — Il a mangé résolûment de la tarte aux poires, du nougat... — il en a même redemandé, — et quelques petits fours. Les sorbets au marasquin, servis peu d'instants après son arrivée, étaient en proportion du nombre des convives prévus; mais, à la demande de l'éloquent Duminard, chacun s'est cotisé, et a offert, qui une, qui deux cuillerées, et notre ingénieux monsieur a fini par absorber deux breuvages glacés au lieu d'un.

Neuf heures sonnent. Duminard se lève, s'incline, sourit gracieusement et dit :

« Belles dames, voici l'heure solennelle du
» cigare! Le *londrès* me réclame. Je vais, en pen-
» sant à vous, le fumer sur la place. »

Et il sort, léger comme une plume, quoique bourré comme un canon, — en fredonnant son refrain favori :

> « Ils n'en ont pas, ils n'en ont pas
> Dans l'Angleterre! »

Duminard a fini son dîner... *en ville!*

Et c'est comme cela, à peu près tous les soirs d'été ou d'hiver, — depuis dix ans et plus.

On bouscule Duminard, on le raille, on lui tape sur le ventre; on ne l'invite jamais. Il résiste à toutes les bourrasques, et il engraisse à vue d'œil, — en répétant, sans fatigue apparente (ô prodige!), ses fameuses histoires légendaires et ses *scies* de prédilection, — toujours sur le même ton, par exemple. Les gestes ne varient pas davantage.

Notez ce point que Duminard est un rentier « fort à son aise », et qu'il possède une femme avenante et deux enfants aussi gentils que mal élevés (ce n'est pas peu dire!), — par conséquent un foyer, une marmite et le reste.

Il a « du foin dans ses bottes », — mais son curaçao de Hollande ne vaut pas celui du voisin.

Oh! non!...

On demandait, l'autre jour, à un riche propriétaire de l'endroit, pour quelle raison il tolérait les nombreuses apparitions de l'infatigable Duminard (que personne, à coup sûr, n'a jamais pris au sérieux) :

— « Que voulez-vous ? » répondit-il, en souriant, « c'est un brave garçon... ses plaisanteries sont
» assez drôles... et puis, *il en a pris l'habitude !* »

LES AMOURS D'UN BOUVREUIL

LES AMOURS D'UN BOUVREUIL

A Madame Emma V***

« L'amour est tout — l'amour, et la vie au soleil. »
A. DE MUSSET. — *La Coupe et les Lèvres.*

I

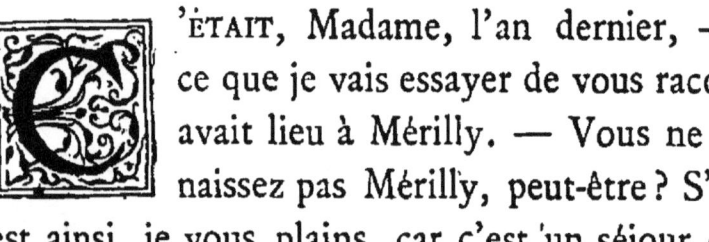'ÉTAIT, Madame, l'an dernier, — et ce que je vais essayer de vous raconter avait lieu à Mérilly. — Vous ne connaissez pas Mérilly, peut-être? S'il en est ainsi, je vous plains, car c'est un séjour charmant où l'on demanderait volontiers à passer sa vie tout entière.

Figurez-vous donc, je vous prie, — par un jour de soleil printanier, — cette agreste demeure, paisiblement assise au sommet d'un coteau, et regardant avec quiétude une jolie petite ville étendue à ses pieds.

La rivière serpente au bas de la colline; deux rangées de saules et de bouleaux semblent vouloir dérober aux yeux des profanes ses eaux limpides et murmurantes, qui coulent sur un lit de cailloux blancs et polis... — Les rossignols font entendre dans le petit bois, voisin de la maison, leurs plus douces mélodies; un vague parfum de muguet et de violettes, apporté sur l'aile d'une tiède brise, vous arrive par bouffées. Tout est calme, et l'on se sent respirer à l'aise au milieu de ce silence plein de charmes indicibles, interrompu seulement, de loin en loin, par des bruits confus et harmonieux : le chant de l'oiseau, le bruissement des saules agitant lentement leurs feuilles argentées, le cri joyeux de l'insecte tapi dans l'herbe, le bonjour cordial de la jeune laitière qui passe, sa cruche luisante sur l'épaule,

« Le sourire à la lèvre et l'étincelle aux yeux, »

en fredonnant une bribe de chanson; — ou celui du vieux curé qui lit son bréviaire, à l'ombre des acacias fleuris...

Rêvez, Madame, à ce bonheur pur, ignoré de la foule, à ces joies intimes, à ces fêtes du printemps...

— Cela repose un peu des soucis, des tristesses de chaque jour !

Mais nous sommes en Janvier au moment où commence cette histoire ; — ne l'oublions pas plus longtemps. Ne faut-il point, hélas ! revenir ainsi bien souvent, bon gré mal gré, et sans transition, à la sèche réalité ?

Pendant ce long hiver, on avait suspendu la cage au coin de la cheminée. La pauvre bouvrette qui y était enfermée restait bien triste, en dépit des soins de sa gentille maîtresse Lucy. Pas de gai soleil pour la réchauffer, pour l'égayer surtout ! — aussi, pas de chansons. On la voyait pensive, la tête inclinée, et semblant désespérer du retour des fleurs embaumées, de la riante verdure et du ciel bleu. Parfois, elle voltigeait un instant, faisant entendre de légers cris d'ennui... Et l'hiver continuait sa lente promenade à travers le calendrier, avec son manteau de neige, ses pluies froides et les gémissements de la bise, sans se soucier des plaintes de l'oiseau prisonnier.

Cependant le logis n'était point solitaire. Le grillon chantait le soir, au fond de l'âtre, tout à côté de la cage. Lucy allait et venait, sautillant et jasant ; soupirant quelquefois, il est vrai, après les journées du printemps ; mais, en résumé, les attendant avec assez de patience. N'avait-elle pas le bal, Lucy! — Cela n'arrivait pas bien souvent : à la sous-préfecture on ne donnait que deux ou trois fêtes dans l'hiver, et, franchement, ce n'est guère! — Mais on y songeait un mois à l'avance, et plus d'un mois après, l'on y rêvait encore, en s'endormant dans le petit lit blanc où s'abritaient tant de songes roses, tant d'illusions charmantes et de virginale innocence.

Quoi de plus ravissant, en effet, pour un cœur de seize ans, que l'animation du bal? Les toilettes, les flots de lumières, les bruits entraînants de l'orchestre, les tourbillons, les frémissements de la valse!... Savez-vous de plus douces émotions, de plus adorables prestiges?

Donc Lucy était heureuse ; — tandis que le pauvre oiseau, toujours choyé, mais toujours silencieux, tombait de jour en jour dans une plus sombre mélancolie.

Pourtant, — comme tout passe ici-bas ! — les mauvais jours disparurent, et, par une belle matinée d'Avril, le soleil envahit joyeusement le logis, faisant grande honte aux tisons du foyer, qui parurent tout de suite comprendre que leur règne allait finir.

II

En été, la maison, entièrement couverte de liserons, de clématites et de grands rosiers blancs, ressemblait fort à un nid blotti dans le feuillage. Le soleil y passait la journée, et personne ne songeait à se plaindre de l'assiduité de cet hôte souriant, — d'un si bienfaisant sourire.

Devant la fenêtre de Lucy, deux magnifiques acacias étalaient pompeusement leurs panaches, semés de grappes fleuries et blanches comme l'opale. — C'est là que, dès les premiers jours de Mai (le mois des roses, selon les poètes, — qu'il ne faut pas toujours croire!), Lucy suspendit la cage de sa bouvrette. Ivre de bonheur, dans ce bain d'air parfumé, l'oiseau chantait sans cesse, oubliant tout à coup ses ennuis. — Un rayon de soleil fait si vite envoler le souvenir des heures de pluie! — L'abeille, active et joyeuse, bourdonnait et butinait aux alentours; le papillon bigarré venait se poser follement sur la cage, puis courait faire l'école buissonnière dans le petit bois de noisetiers attenant à la maison. C'était une joie universelle, un bonheur paisible et charmant à faire envie à tous les rois de la terre, — en somme, beaucoup moins heureux (on le sait) que la sagesse des nations ne le dit.

Au commencement de la semaine suivante, un bouvreuil vint, par hasard, entonner un de ses plus gais refrains sur l'acacia qui abritait la fragile demeure de l'oiseau si cher à Lucy. Après avoir terminé son concert, le virtuose emplumé, regardant à la ronde, — pour demander, sans doute, les applaudissements auxquels il avait droit, — aperçut au-dessous de lui la gentille captive.

Aussitôt, tournant autour de la cage, il se mit à lutiner la bouvrette, lui faisant cent agaceries, lui décochant mille compliments sur sa beauté, sur sa grâce, et mille protestations au sujet de son amour naissant. La bouvrette, de son côté, paraissait ne pas rester insensible aux madrigaux qui lui étaient destinés; et elle écoutait, avec un plaisir marqué, très encourageant, tous les galants propos de son jeune adorateur.

Pour ne rien céler, on peut dire, tout bas, qu'elle ne fut point, en cette circonstance, exempte d'un grain de coquetterie. Après tout, il est bien permis de faire valoir un peu ses avantages! Et personne ne songerait, je l'espère, à l'en blâmer sérieusement.

Pendant au moins huit jours, le bouvreuil continua dans l'acacia ses excursions et ses concerts, ainsi que ses longues visites à la bouvrette, qui se montrait vraiment de plus en plus disposée à prêter une oreille indulgente aux aveux qui lui étaient faits, tandis que le soleil présidait assidûment à leurs doux entretiens.

Le pauvre amoureux tournait toujours autour de la prison de celle qui, d'aventure, lui avait pris son cœur, mais ses efforts pour trouver un passage étaient vains, et il se dépitait.

« Viens! je t'aimerai, » semblait dire la captive. « Délivre-moi, et mon amour sera le prix de ta » victoire.

» — Je ne puis pas! hélas! je ne puis pas... » murmurait l'infortuné bouvreuil. « Et pourtant, » moi aussi, je meurs d'amour! »

III

Prenant en pitié l'embarras des deux amoureux, certain jour on ouvrit la porte de la cage, la laissant suspendue à sa place accoutumée, mais en attachant, par un fil léger, la bouvrette à l'un des barreaux. Le visiteur arriva comme de coutume, recommença ses soupirs, ses tendres lamentations; puis, à force de voltiger autour de la prisonnière, il aperçut enfin la bienheureuse ouverture et se précipita dans la cage. Je renonce à énumérer tous les baisers et les serments qui s'ensuivirent!

Or, l'on se tenait aux aguets, et la petite porte avait été promptement et soigneusement refermée.

Aussi, après les premiers transports, le bouvreuil reconnut qu'il était captif.

Bien que réuni enfin à celle qu'il aimait, la prison le bouleversa tout de suite, et refroidit singulièrement sa flamme.

« O ma douce liberté ! » s'écriait-il désespérément, en voletant çà et là, et s'accrochant aux légers fils de fer ; — « ô ma chère liberté ! »

Et la bouvrette reprenait doucement :

« Prends patience ! console-toi ; ne suis-je pas
» là, moi qui t'aime ! »

Mais, il faut l'avouer, — quoi qu'il en coûte, — le bouvreuil prisonnier n'était plus l'amant passionné dont je parlais il y a un instant.

La bouvrette essayait en vain ses plus tendres coquetteries, ses plus enivrantes séductions. L'oiseau captif n'écoutait guère, et regrettait amèrement le petit bois si vert, la vie en plein ciel bleu, les ombrages épais, les champs si fleuris, les vols si rapides !

Par compassion pour sa douleur, plus forte que son amour, — du moins selon les apparences, — on rouvrit la cage.

Il s'envola à tire-d'aile, et sans dépenser, croyez-le bien, une seule minute en adieux, en soupirs, en protestations.

Mais, — ô prodige ! ô divine puissance de

l'amour! — il revint vite, et tournoya aux alentours de la cage.

La bouvrette, qui avait vu son départ avec grande anxiété, l'accueillit en lui épargnant rancune et dédain, et, tout au contraire, avec mille caresses de la voix, si bien qu'il rentra sans hésitation, et qu'il resta cette fois ; — et, pourtant, la porte avait été laissée ouverte !

IV

Le lendemain, le couple amoureux fut installé dans la volière de Lucy, et aussitôt il commença à bâtir un nid. Les amours allaient au mieux; c'étaient des roulades, des baisers, des mignardises, des joies délicieuses ! — Mais, hélas ! rien de stable ici-bas ! Cela est vrai, surtout pour le bonheur.

Celui des deux pauvres oiseaux fut bien éphémère.

Quinze jours plus tard, un matin, on trouva la bouvrette noyée dans le petit bassin placé au fond de la volière. Sans doute elle y était tombée la nuit, pendant son sommeil.

Lucy, la blonde enfant, pleura beaucoup.

A partir de ce moment, le bouvreuil cessa de chanter; ses plumes le quittèrent une à une, et sa pauvre petite tête sans regard et tristement penchée, montrait assez sa douleur, témoignait assez de ses regrets !

On essaya de le distraire. D'autres bouvrettes furent mises près de lui dans la volière ; il resta insensible à toutes leurs cajoleries, et mourut bientôt, lui aussi, — sans vouloir être consolé.

LA CLOCHE DE SAINT-HILAIRE

LA CLOCHE DE SAINT-HILAIRE

I

ing! ding! ding!
Entendez-vous?...
Quels sons argentins, quelles vibrations joyeuses et consolantes!

A tous — jeunes et vieux, riches et pauvres, — la cloche de Saint-Hilaire répète, matin et soir, en son langage sonore, et sans se lasser jamais :

« Courage! Patience et foi! Bonnes gens, espé-
» rez. Espérez et aimez!

» Écoutez-moi! Les seuls enviables trésors de
» ce monde sont l'espérance et l'amour. »

II

Saint-Hilaire est, à coup sûr, un pays privilégié. Le bonheur calme et vrai s'y installe volontiers.

Là, tous les visages sont souriants, — car, dans ce petit coin de terre, chacun sait borner ses désirs (ô la grande science!) et personne ne songe à convoiter le modeste bien du voisin.

Le dimanche, lorsque la cloche appelle les paroissiens fervents, l'humble église est vite remplie! On y chercherait vainement de riches dorures et du marbre sculpté; mais, en revanche, des brassées de verdure, des gerbes fleuries et embaumées jonchent le parvis et ornent les autels.

III

A Saint-Hilaire, tous les jardins sont pleins de chansons et de parfums.

Le groseillier à grappes y coudoie familièrement la rose; la laitue, la sauge et le persil y vivent, sans cérémonie aucune, avec l'œillet et le réséda. Le chèvrefeuille, la glycine et la clématite s'enroulent aux arbres, ou tapissent les tonnelles; le lierre et le violier s'accrochent à tous les vieux murs, comme s'ils voulaient leur servir de manteau.

On y voit l'abeille, turbulente et affairée, courir en bourdonnant de corolle en corolle, tandis que la paresseuse cétoine prend un bain de rosée dans le frais calice d'une églantine. On y peut admirer les papillons bigarrés, aux ailes de velours, qui rivalisent de grâce — et d'inconstance ! — et les espaliers qui s'étoilent de fleurs neigeuses ou carminées, en attendant qu'Août et Septembre viennent dorer leurs fruits savoureux...

A Saint-Hilaire, les cœurs débordent de franchise ; les mains s'ouvrent facilement, pour l'aumône.

Les enfants du village sont riches de santé, et les mères — sans exception — prodigues de tendresse...

IV

Ding ! ding ! ding !

Voici le matin. Voici le soleil !

Bonjour, ami soleil ! Toi qui guéris et qui consoles, sois le bienvenu. Pour te faire accueil, la cloche a pris sa voix la plus sonore et la plus caressante.

Bonjour, ami soleil !

Voici le matin !

Le ciel, sans le moindre nuage, est bleu comme la pervenche des bois.

Une folle brise lutine les acacias de la *grande place* : leur neige odorante s'éparpille mollement çà et là, et une bande de pinsons et de moineaux francs, nichés dans le feuillage, babillent à l'envi, charmés du beau jour qui se prépare. Les hirondelles, hôtes bénis du vieux clocher moussu, laissent voir, par instants, leurs petites têtes intelligentes, qu'encadrent joyeusement des touffes de joubarbes et de capillaires.

La cloche a réveillé tout ce monde ailé; et, peu à peu, le village entier s'anime à son tour et commence la journée aussi gaiement que les hirondelles et les pinsons jaseurs...

V

Voici le matin. Debout! debout!

Une fenêtre, enguirlandée de liserons et de capucines, vient de s'entr'ouvrir. Un rayon curieux envahit aussitôt le nid de Madeleine, et la jeune fille, — qui s'est empressée d'obéir à l'appel de la cloche au timbre argentin, — salue, en souriant, le visiteur matinal :

« Bonjour, ami soleil! »

VI

Combien elle se plaît à écouter la cloche de son village, la blonde Madeleine!

Et cela s'explique à merveille.

Le jour du baptême de cette cloche, tant aimée des bonnes gens de Saint-Hilaire, fut celui où l'on baptisa Madeleine, la pauvre orpheline adoptée par les braves cœurs du pays...

Fidèle à ses devoirs, le soleil s'était gardé de manquer à la fête.

Elle est bien jolie, Madeleine : droite et blanche comme un lys, et légère ainsi qu'un oiseau ! Mais la vieille « tante Suzon », sa voisine, murmure parfois, en essuyant une larme furtive : « Hélas ! » pauvre chère mignonne; si frêle et si douce, sa » place n'est pas sur la terre... Pourvu que le bon » Dieu veuille nous la laisser ! »

Et tante Suzon a de l'expérience !

Madeleine, en effet, tousse souvent un peu. Cette petite toux sèche fait mal à entendre.

Dans ces moments-là, ses joues pâles se colorent subitement, son regard limpide et profond brille d'un éclat étrange, et sa main devient brûlante...

Le médecin affirme que « ça passera ! »

Mais il n'a pas l'air bien convaincu.

VII

A l'ouvrage, à l'ouvrage ! Point de paresse !

Le vénérable curé, son bréviaire à la main, marche à pas lents, dans le jardin du presbytère, sous l'ombreux couvert de marronniers...

Il a entrevu Madeleine, en levant les yeux, et, de loin, il lui a adressé un bonjour paternel.

Le laboureur, un refrain aux lèvres, s'en va aux champs gagner le pain de la famille.

Qui travaille prie.

Les pinsons continuent leur bavardage...

La toilette de l'ouvrière a été promptement terminée, — et son aiguille alerte, infatigable, court déjà sans presque s'arrêter : elle aura fait bien du chemin quand tintera l'*Angelus* du soir !

Et, chaque jour de printemps ou d'hiver, les heures s'écoulent ainsi pour Madeleine, rapides et délicieuses, — car elle cherche le bonheur dans le travail, — et le bon Dieu protège l'orpheline.

VIII

Ce matin, la cloche semblait plus joyeuse, plus encourageante encore que d'habitude.

On eût dit qu'elle voulait célébrer le double anniversaire de sa naissance et de celle de Madeleine.

En effet, la jeune fille et la cloche ont vingt ans d'aujourd'hui.

IX

Lorsque le crépuscule arrive, elle parle à chacun, la cloche bénie, des bonheurs faciles, de la joie d'avoir la conscience en paix, et des satisfactions indicibles que procure l'heure du repos, si la journée a été bien remplie.

O les ineffables émotions du foyer!...

Le laboureur retrouve ses enfants, — grappe vermeille suspendue au tablier de la mère de famille, paysanne robuste et avenante, rouge autant qu'une pivoine, sous sa coiffe aux larges ailes plissées. La bande, bruyante et heureuse, est accourue sur le seuil de la ferme, guettant avec impatience le retour du travailleur, et, à son approche, la joie se peint, vive et pure, sur tous les visages. Un long cri d'allégresse retentit. Lui, essuyant son front hâlé, baigné de sueur, il les embrasse à la ronde, et d'une voix forte et riante : « Bonsoir, » femme. Allons, marmots, à la soupe! »

X

Nul ne songe à désobéir. L'appel, au contraire, est vite entendu; et chacun va faire honneur à cette appétissante soupe aux choux qui fume au milieu de la table rustique.

Cependant, tout auprès des convives, les poules se promènent lentement et font la picorée, sans la moindre inquiétude, suivies de leurs poussins; tandis que le gros chien du berger joue, d'un air grave et indulgent, avec un jeune chat malicieux.

Au fond de la salle, entre l'horloge et la vaste cheminée, une demi-douzaine de cruches en cuivre, soigneusement alignées sur une planche de chêne noirci par le temps, reluisent comme de l'or... La porte, grande ouverte, permet d'apercevoir encore les haies d'aubépines et de sureaux, la rivière limpide qui caresse amoureusement le pied des saules, les clos de pommiers, les champs de blé, émaillés de nielles et de coquelicots, — et, dans le lointain, le coteau planté de châtaigniers et d'ormes séculaires.

XI

En entendant les premiers sons de l'*Angelus*, Madeleine a laissé tomber son aiguille, et, les mains jointes, la tête penchée, suspendant sa chanson, elle a dit sa prière, — une courte et simple prière qui est montée droit au ciel, comme le pur encens et le parfum des fleurs.

A présent, accoudée à la fenêtre, elle rêve, —

mais sa rêverie est douce, car un gai sourire erre sur ses lèvres.

Et tenez, la voici qui rougit, la naïve et gracieuse enfant !

Elle pense à Pierre, son promis, qu'elle doit épouser avant un mois, — à la Saint-Jean d'été.

Un brave garçon, ce Pierre : un cœur dévoué ! Pauvre, il est vrai, mais courageux à la besogne comme pas un, et tout à fait digne, on peut l'affirmer, du bonheur qui l'attend.

XII

Ding ! ding ! ding !

Oh ! que voilà longtemps qu'elle sonne ainsi, vibrante et consolante, cette cloche de Saint-Hilaire !

Elle a déjà annoncé bien des joies, bien des baptêmes de nouveau-nés, anxieusement attendus ; bien des fêtes de famille, bien des mariages d'amour...

Bonne et chère cloche fidèle et sainte !

Quand, — par triste aventure, — elle a pour mission de sonner un glas funèbre, elle conserve des notes si douces que chacun, en l'écoutant, sent entrer la résignation en son âme, et croit l'entendre dire : « Au delà de la tombe il y a la vie éternelle! » Séchez vos pleurs... Espérez, espérez! Dieu veut » qu'on espère et qu'on aime. »

XIII

. . . .

Ding!... ding!... ding!...

Un mois s'est écoulé. Nous voici à la Saint-Jean d'été.

Tout le village est en rumeur aux abords de la vieille église.

La cloche de Saint-Hilaire devrait annoncer aujourd'hui le mariage de Madeleine avec son fiancé Pierre... Pourquoi tinte-t-elle si faiblement, si tristement qu'on la reconnaît à peine?

Qu'est-il donc arrivé?...

Une bière étroite, recouverte d'un drap blanc parsemé de bouquets de roses et d'immortelles, occupe l'entrée du chœur. Des cierges brûlent autour d'une morte...

Hélas! hélas! Madeleine vient d'être emmenée par le bon Dieu dans son bleu paradis.

Depuis l'aube d'hier, il y a un ange de plus au

ciel, — un ange qui échappe aux amères douleurs d'ici-bas !

Heureuse Madeleine !... Pauvre Pierre !

XIV

Le vieux curé essuie ses larmes à la dérobée, en murmurant les solennelles prières de l'adieu.

Il se souvient qu'il a baptisé l'orpheline ; qu'il lui a fait faire sa première communion. Il songe qu'il devait aujourd'hui même bénir le mariage de Madeleine.

Il pleure ; sa voix tremblante s'éteint, brisée par l'émotion, — et l'assistance sanglote en psalmodiant les répons.

Pierre, à genoux dans l'ombre, pâle et désespéré, se demande s'il ne doit pas mourir.

Adieu, Madeleine !

Cependant les pinsons, les linots et les moineaux francs chantent toujours dans les arbres touffus de la « grande place. » Le soleil, abandonnant les vitraux coloriés de l'église, qu'il faisait étinceler tout à l'heure, va sourire encore à la fenêtre de la petite chambre — vide désormais ! — de la blonde Madeleine.

Ding !... ding !... ding !...

Ce glas — de plus en plus faible — résonne douloureusement jusqu'au fond des cœurs.

La cloche, elle aussi, pleure la jeune fille !

XV

Chose étrange !

Depuis la mort de l'orpheline, la cloche de Saint-Hilaire semble ne pouvoir rendre que des sons plaintifs. On ne l'entend presque plus...

Les bonnes vieilles du pays assurent qu'elle avait une âme, — qui est allée rejoindre celle de Madeleine.

LES LILAS

CHANSON D'AVRIL

LES LILAS

A Georges Didier

L n'en faut plus douter, le chevalier Printemps a mis son habit vert. Les lilas sont fleuris ! Et même, les arbres chétifs plantés de chaque côté du boulevard, en plein asphalte, et « au centre de la civilisation » (le long du Café Anglais), donnent des signes évidents et multipliés du retour de la saison des roses, des fraises, — et du concert des Champs-Élysées. Il y a une heure à peine, j'admirais, au bout des branches dégarnies des platanes, les bourgeons soyeux, pareils à des pinceaux, et qui bientôt vont devenir d'élégantes ombrelles dentelées : fallacieuses promesses d'ombre et de fraîcheur. En attendant, çà et là, les marronniers,

plus pressés, montrent leurs feuilles encore pliées comme des éventails au repos. Les oiseaux, en chantant, travaillent à leurs nids, et l'on cueille la violette sur les gazons de Meudon et de Ville-d'Avray, car, fidèle à la tradition :

> Au premier soleil de printemps,
> L'humble et charmante violette
> Fleurit dans l'herbe, à l'aveuglette,
> Joyeux présage du beau temps !
> La nature sommeille encore
> Quand elle apparaît un matin,
> Sur le tapis où vont éclore
> Et la primevère et le thym...

Et puis, je le répète : pour réjouir les yeux et le cœur, les lilas sont fleuris ! C'est au Luxembourg surtout que l'on peut se rendre compte du charme enivrant et doux de cette nouvelle. Au moment où j'écris, le merveilleux jardin fait songer au paradis terrestre. Savez-vous, en effet, rien de plus consolant que l'apparition de ces thyrses embaumés qui donnent un air de fête à la nature, en venant célébrer son réveil ?

Comme elles parlent éloquemment, ces fleurs bénies, de jeunesse et d'amour, de gai soleil et d'espérances : « Allons, » disent-elles, « souriez, » enfants et vieillards, poètes et jeunes filles, » pauvres et riches, souffrants et blasés ! Oubliez

» vite les jours de pluie, l'hiver maussade et
» glacé! Oubliez les ennuis, les déceptions, les
» heures si longues de tristesse, le découragement,
» la maladie et la misère... Nous voici! Dieu nous
» fait fleurir pour vous rappeler qu'il veille, qu'il
» vous aime et qu'il vous protège. »

A l'oreille du pauvre, elles murmurent : « Plus
» de souci, le soleil revient, joyeux et bienfaisant;
» tu ne grelotteras plus auprès de l'âtre sans
» tisons! »

A celui qui souffre, elles disent : « Nous appor-
» tons la joie et la santé! »

A l'adolescent : « Ainsi que l'hirondelle et le
» rossignol, les lilas sont messagers du printemps,
» plein de promesses! »

Au vieillard : « Nous annonçons la saison où
» tout renaît, où tout se ranime! Bon courage! le
» soleil printanier te réchauffera; tu retrouveras la
» force, et peut-être, qui sait? une partie de tes
» chères illusions disparues. Sous notre ombrage,
» les heureux souvenirs reviendront en foule, et
» nous te rappellerons les belles années de la
» jeunesse. »

A l'enfant : « Chante, saute et babille!... Blond
» lutin aux joues roses, toi aussi, tu es une espé-
» rance! Va, profite du bonheur présent, cher in-
» soucieux turbulent! Ta mère veille, et ton rire
» argentin trouve un doux écho dans son cœur... »

Au poète : « Ami, tu vas pouvoir enfin recom-
» mencer tes longs entretiens dans les bois et les
» plaines, avec l'arbre, avec la fleur, avec le
» nuage, le papillon, l'oiseau, la rosée ou le
» ruisseau murmurant... avec le rêve radieux qui
» fait oublier la froide réalité ! »

A l'artiste convaincu, au fidèle amoureux de la splendide nature : « La montagne et les prés, le
» chêne centenaire et le roseau tremblant, le ruis-
» seau limpide et l'étroit sentier si ombreux, le
» moulin lézardé, vêtu de mousse et de ravenelles,
» la chaumière au toit fleuri de joubarbe et d'iris,
» vont de nouveau, et avec joie, se parer pour te
» plaire et poser devant toi ! »

A la jeune fille : « Allez, mignonne ; Dieu vous
» bénit ! Voici le temps des projets et des rêves...
» Un trouble étrange et délicieux vous a saisie !
» Votre beau front si pur rougit légèrement ; votre
» regard est humide et brillant... Ne riez pas,
» surtout, des confidences de la pâquerette blanche
» bordée de rose, de l'humble petite pâquerette au
» cœur d'or ! Une voix secrète va bientôt vous
» révéler à demi un grand mystère : il faut aimer !
» Les lilas sont fleuris ! »

*
* *

Oui, les lilas sont fleuris !... Ils viennent dire tout cela en secouant leurs touffes parfumées, et cependant on ne les écoute guère, je vous l'atteste. Partout on discute, on s'agite, on va, on crie, on court !...

Et si l'on interrogeait, par hasard, le premier passant venu, à ce propos : « Certes, » répondrait-il à coup sûr, « nous avons autre chose à
» faire que de nous occuper de ces puérilités. Ah!
» bien oui, le printemps, les violettes, les lilas, le
» ciel bleu!... Si encore il s'agissait des asperges
» en branches et des fraises au madère!... Parlez-
» nous plutôt du cours de la Bourse : voilà ce qui
» nous intéresse, voilà ce qui mérite de fixer
» l'attention; mais la floraison des lilas!... Quelle
» bonne folie, et d'où sortez-vous donc? »

A quoi bon, en effet, exécuter ces variations sur un vieux thème?

Eh bien (il faut l'avouer avec franchise), c'est parce que je crois fermement, cher lecteur, que ce *vieux thème* sera toujours jeune.

Les lilas sont fleuris!

CHANSON D'HIVER

CHANSON D'HIVER

I

Je l'ai vu !

Il n'en faut plus douter, l'hiver arrive à grands pas !... Adieu, hirondelles frileuses, vives abeilles, fleurs odorantes, papillons bigarrés, perles de la rosée matinale !... Les ombrages hospitaliers, les tièdes journées vont disparaître. Déjà les tristes chrysanthèmes montrent leurs boutons sans parfum ; déjà, de tous côtés, les feuilles deviennent rouges, brunes ou dorées... Bientôt, hélas ! elles tomberont en foule !

Avant longtemps, nous verrons les arbres nus, argentés par le givre scintillant ; la terre sera recouverte d'un épais manteau de neige, et les oiseaux frissonnants, inquiets, voletant çà et là, chercheront un abri... Voici le sombre hiver!

Voici venir, avec lui, le grésil, la pluie glacée, la bise lugubre...

II

Je l'ai vu, vous dis-je. — L'hiver n'est pas loin.

Tenons les portes closes. Vite, un feu clair, qui réjouisse de vrais amis!

Serrons-nous bien au bord de l'âtre; les cordiales causeries du soir vont recommencer.

Savez-vous qui m'a tout à coup indiqué, d'une manière certaine, que l'hiver approche?

Ce n'est ni mon calendrier bleu,

Ni la désertion des hirondelles,

Ni le morne aspect des buissons défleuris;

C'est... le *marchand de marrons.*

III

Oui, je l'ai vu, cet ambassadeur du bonhomme Hiver! Je l'ai vu, ce commerçant jovial et humble, aux mains calleuses et noircies...

Il a repris hier sa place favorite, à la porte du marchand de vin « du coin », — avec lequel il fera toujours bon ménage; — et sa clientèle ordinaire d'écoliers turbulents, de joyeux babies, de fillettes, de gavroches effrontés, d'ouvriers, d'invalides, d'étudiants alertes, de gens affairés et d'oisifs, lui est fidèlement revenue!

Ce placide marchand de marrons est, en vérité, une sorte de Providence, en casquette fourrée et en tablier bleu, à la fois avenante et modeste. Il passe sa vie à faire des heureux, ce qui ne l'empêche point, le brave homme, d'arranger le mieux possible ses petites affaires personnelles. C'est trop juste. Au reste, ni les millions de M. de Rothschild, ni les splendides diamants du shah de Perse, n'ont jamais troublé son sommeil... Honnête et patient, il vit, ainsi qu'un sage, exempt d'envie et d'ambition.

IV

Que de joie cependant il donne — en échange d'un sou!

Sa marchandise appétissante nourrit à peu de frais; en même temps, elle réchauffe.

Ce double avantage mérite d'être pris en considération, — surtout lorsqu'il gèle « à pierre fendre ».

Il ne possède guère qu'un défaut, cet industriel favorisé des dieux : il a trop souvent soif.

Mais on aurait tort de lui en faire un crime ! Personne n'est parfait ; — et puis le marchand de vin demeure si près ! On entretient des relations de bon voisinage... Honni soit qui mal y pense !

V

Marrons chauds ! Marrons chauds !

Entendez-vous ce cri parti du coin de la rue ? C'est un refrain de l'hiver.

Encore quelques semaines, et Noël arrivera à son tour.

Noël ! avec ses fêtes de famille, avec ses dîners abondants et bruyants, dont le plat de résistance est, d'habitude, une oie magnifique, dorée sur toutes les coutures, et bourrée de marrons affriolants.

Ah ! quel parfum délicieux !

On chantera au dessert, croyez-moi.

Une vieille dame, à la voix chevrotante, dira, très émue, les jolis couplets surannés du *Temps et l'Amour,* aux applaudissements des convives, animés par de fréquentes libations ; — après s'être beaucoup fait prier, une jeune personne mince comme le roseau, rougissante comme la pomme d'api, gazouillera — un peu faux : — *Hirondelle gentille* et *Petite fleur des bois.* Ailleurs, de bons vivants, passablement « allumés » par le cidre mousseux ou le vin aigrelet, entonneront en chœur (sans le moindre ensemble) l'*Amant d'Amanda,* ou *Nicolas, ah! ah! ah!* — et répéteront à satiété ces ineptes refrains, avec une conviction inquiétante pour le repos des locataires d'à-côté...

Chanter à table! — Et pourquoi non, s'il n'y a pas d'abus? Nos pères s'en trouvaient à merveille.

Foin de l'étiquette ennuyeuse, et vive la franche gaieté!

Marrons chauds! Marrons chauds!

VI

La popularité très légitime des marrons, et le commerce — réchauffant — du marchand altéré ne datent point d'hier.

Oh! non.

Il y a longtemps qu'au village et à la ville, on a rendu pleine justice à cette rustique gourmandise de l'hiver. Que d'enfants joyeux ont déjà fait honneur, de toutes leurs dents blanches, aux marrons qui brûlaient leurs doigts!

L'hiver! Brrr!

Au dehors, qu'il fait froid! On patine sur le lac. Les vitres sont couvertes de cristallisations innombrables, délicates et bizarres. Positivement, il gèle!

Dans le logis bien clos, après dîner, assis en cercle devant les hauts chenets de cuivre poli, bleuis par la chaleur, on cause, on rit, on fredonne, on grignote, on se pelotonne... Les jeunes parlent d'avenir, tandis que les vieux se souviennent.

Adroitement dirigées, les pincettes font leur office en conscience. L'étincelle voltige en pétillant; la flamme claire grimpe et lèche la plaque de la cheminée; la bûche énorme, et choisie avec soin, se réduit en braise, peu à peu; le grillon chante par intervalles et la bouilloire lui répond; de loin en loin éclate l'un des marrons qui se dorent sous la cendre rouge; l'aïeul, penchant sa tête neigeuse, et s'appuyant sur les bras de son voltaire, lustrés par un long usage, raconte de merveilleuses légendes qui passionnent un blond auditoire, — et la lampe éclaire à souhait ce charmant intérieur.

Au cinquième étage, dans une chambrette d'étudiant, on veille aussi, mais d'autre façon. Les gais refrains se succèdent, presque sans relâche; une montagne de châtaignes, bouillies ou rôties, abritée sous une serviette appétissante, s'écroule, s'éparpille et disparaît rapidement; les verres dépareillés se vident et se remplissent; les yeux de vingt ans brillent comme des escarboucles; les rires sonores et les toasts (non politiques!) se mêlent, et les cœurs bondissants brûlent à l'envi...

Au feu! au feu!

Tout en faisant fête à ces savoureux marrons, dans la chaumière, à la ferme, au salon et dans la mansarde, combien de magnifiques châteaux sont bâtis soudain, sur le sol complaisant — et peu solide — du beau pays des chimères! Que de frais sourires échangés; que de promesses délicieuses, murmurées à l'oreille, — et trop souvent, hélas! vite oubliées!

O jeunesse! si riche d'espérances, d'illusions, et si prodigue de serments d'amour, pourquoi donc tant de folies?...

Mais quoi! sachons attendre. Les cheveux bouclés deviendront rares et argentés, — et la sagesse aura son heure. Rien n'est éternel ici-bas!

Marrons chauds! Marrons chauds!

VII

Cependant, il y faut songer, si pour beaucoup l'hiver a du bon, pour beaucoup, par malheur, il est plein d'amères tristesses! Au coin du feu, pensons donc à ceux qui ont froid et faim. Avant le retour des lilas embaumés et du bienfaisant soleil, que de journées sombres, que de nuits cruelles à subir! N'oublions point que, durant l'hiver si long et si morose, de nombreux petits êtres vont, hélas! grelotter dans les bras de leurs pauvres mères, pâles et chétives!

La charité réchauffe le cœur.

VIII

C'est surtout à l'occasion du nouvel an que le marron, ce fruit consolateur de la saison mauvaise, va régner plus brillamment, plus victorieusement que jamais.

Dans les salons aristocratiques — et autres, plus ou moins bourgeois, plus ou moins... *athéniens*, pleuvront les boîtes délicieuses, les sacs parfumés et coquets, noués avec des faveurs roses ou bleues, et enrichis de la signature fulgurante d'un confiseur à la mode.

Ces coffrets et ces sacs charmants seront, pour la plupart, remplis à déborder de *marrons glacés à la vanille.*

Une friandise à bon droit célèbre!

En attendant que les bourses élégantes se vident et que les boîtes luxueuses se remplissent, croyez-moi, ne résistons pas à l'appel du vieux marchand dont j'entends d'ici la voix engageante répéter sans se lasser :

Marrons chauds! Marrons chauds!

Paris, Novembre.

IMPRESSIONS & CROQUIS

DEUX CHANSONS
DE
DUFRESNY

DEUX CHANSONS

DE

DUFRESNY

ARMI les écrivains qui ont joui, jadis, de la plus grande notoriété, et même de la gloire enivrante, il en est beaucoup d'ignorés aujourd'hui. Cet oubli est injuste le plus souvent, en partie du moins, et il nous semble intéressant, à l'occasion, de prendre un peu souci de ces pauvres morts, et de s'appliquer à les remettre en lumière.

Rivière-Dufresny (1648-1724) n'est peut-être pas tout à fait oublié, — mais il ne s'en faut de guère, et cette quasi-résurrection nous tente. Pourquoi? — Par un sentiment de reconnaissance; nous le déclarons franchement, — et, du reste, rien n'est plus simple, à coup sûr. Il s'agit de deux chansons de Dufresny, que nous trouvons ingénieuses et charmantes, qui nous reviennent parfois en mémoire, et dont nous voudrions faire juges nos lecteurs, dans le cas où ces bijoux poétiques leur seraient inconnus.

Parlons, d'abord, du vrai Parisien, du maître fantaisiste qui avait nom Rivière-Dufresny. Saluons l'auteur de l'*Esprit de contradiction,* du *Double Veuvage* et de la *Coquette de village.*

Jovial et bizarre, Dufresny, toujours endetté, épouse, un beau matin, sa blanchisseuse de fin, — pour ne plus payer son blanchissage! Il prétendait être un arrière-petit-fils de cette fraîche et belle jardinière d'Anet, dont le bon roi Henri, — ce diable à quatre, ce vert galant, — qui aima si passionnément les batailles et les jolies filles, fut très épris pendant quelques semaines, selon la galante tradition. Louis XIV, en souvenir, sans doute, de cette noble origine, fit du joyeux Dufresny l'un de ses valets de chambre, et, plus tard, l'intendant de ses jardins. Dans ces diverses positions, lucratives pourtant, Dufresny, incorrigible, trouva le moyen d'être toujours sans un sou vaillant. Il jouait, il aimait, il buvait!... Pardonnons-lui, puisqu'il a fait quelques comédies attrayantes et des chansons alertes, sans compter les *Amusements sérieux et comiques,* — un petit livre pétillant de verve, et, parfois, émaillé de haute raison. On connaît (mais pas assez) les délicieux couplets des *Lendemains,* sur l'air : *Réveillez-vous, belle endormie;* ils ne sont certes point endormants. Voyez plutôt :

« Philis, plus avare que tendre,
Ne gagnant rien à refuser,
Un jour exigea de Silvandre
Trente moutons pour un baiser.

» Le lendemain, seconde affaire !
Pour le berger le troc fut bon :
Il exigea de la bergère
Trente baisers pour un mouton.

» Le lendemain, Philis, plus tendre,
Craignant de moins plaire au berger,
Fut trop heureuse de lui rendre
Tous ses moutons pour un baiser.

» Le lendemain, Philis, peu sage,
Voulut donner moutons et chien,
Pour un baiser, que le volage
A Lisette donna pour rien. »

Nous finirons par une autre chanson, moins répandue encore, du même auteur, sur le même air, et, si on la trouve un brin légère, il ne faudra pas perdre de vue qu'elle fut écrite à une époque où ces gracieux badinages étaient fort en honneur :

« Réveillez-vous, belle dormeuse,
Si ce baiser vous fait plaisir;
Mais si vous êtes scrupuleuse,
Dormez, ou feignez de dormir.

» Craignez que je ne vous réveille,
Favorisez ma trahison;
Vous soupirez, votre cœur veille,
Laissez dormir votre raison.

» Pendant que la raison sommeille,
On aime sans y consentir,
Pourvu qu'amour ne nous réveille
Qu'autant qu'il faut pour le sentir.

» Si je vous apparais en songe,
Profitez d'une douce erreur;
Goûtez le plaisir du mensonge,
Si la vérité vous fait peur. »

Ces petits vers ne sont peut-être pas absolument orthodoxes, mais quand on songe aux odieuses inepties qui ont envahi les cafés-concerts, les rues et les ateliers : *Anatole, c'est une colle, N'y avait que des mufes à c'te noc'là!* etc., on crie, de bon cœur, bravo à Dufresny, dont nos trisaïeules fredonnaient volontiers les spirituels et galants refrains, en posant leurs mouches.

C'est à l'auteur de l'*Esprit de Contradiction* que Louis XIV disait un jour, avec bienveillance : « Pauvreté n'est pas vice ! » — « Oh ! non, sire, » répondit Dufresny, sans hésitation et avec une conviction profonde : « c'est bien pis ! »

… LE LIVRE DU CRITIQUE

LE LIVRE DU CRITIQUE [1]

ES ouvrages si nombreux du célèbre critique des *Débats,* une notable partie vivra, car l'esprit y pétille et la grâce y rayonne. Ne pouvant tout analyser ici, nous nous arrêterons, du moins, quelques

---

[1] L'aimable ermite de Passy — notre indulgent ami et voisin — nous a dit, à plusieurs reprises : « Les premiers » chapitres de l'*Ane mort* (environ soixante pages) me pa- » raissent réussis; j'abandonne le reste. » — Il aimait aussi, très particulièrement, ses *Gaîtés champêtres,* et, certes, il avait raison. Le tome premier de ce roman, trop peu connu, est délicieux d'un bout à l'autre; le second renferme quelques longueurs.

Mais le livre de prédilection de Jules Janin, celui qui résu-

minutes, devant un chef-d'œuvre incontestable, devant ce tableau si mouvementé, si réussi, qui a pour titre : *La Fin d'un Monde et du Neveu de Rameau.*

Ce beau livre prouve, en effet, avec quel zèle passionné Jules Janin a ressuscité l'époque, vraiment curieuse, justement appelée la fin d'un monde. Les chapitres, pleins de vie, nous montrent tour à tour les physionomies, les grâces, les originalités, les coutumes, les faiblesses, les erreurs de ce siècle bizarre, sceptique, élégant, spirituel et frivole. Que de titres riches en promesses toujours tenues, et combien de détails piquants mis vigoureusement en lumière !

Il y a dans ce tome, sur le xviiie siècle, la matière de dix volumes. Et tout cela est vivant, sémillant, finement railleur, poudré, pimpant,

---

mait, « quinze ans d'études sur le xviiie siècle », — c'était *la Fin d'un Monde et du Neveu de Rameau.*

Hélas ! cet excellent ouvrage a été apprécié des vrais lettrés seulement, et l'indifférence du public, pour sa meilleure production, chagrinait beaucoup l'éminent critique. — « On m'accepte comme feuilletoniste, » nous disait-il, dans un jour de goutte et de mélancolie ; — « mais les gens » qui lisent n'admettent guère qu'un écrivain puisse faire à » souhait deux choses à la fois. *Habent sua fata libelli !* » L'humble poète Terentianus Maurus a parlé d'or. »

A. P.

énergique, galant, musqué, amoureux, saisissant, ravissant! Comme l'illustre écrivain a su comprendre ces singuliers types de philosophes, ces mignons abbés, caillettes à petit collet; ces irrésistibles comédiennes, ces roués conquérants, ces poètes enrubannés, ces féroces pamphlétaires, ces adorables duchesses! Comme il a su peindre et raconter les ballets de l'Opéra, les bruits de l'Œil-de-Bœuf et ceux de la place Royale, les soupers exquis, le café Procope, plein de discussions orageuses et d'épaisse fumée; les fermiers généraux, pleins de suffisance; l'étiquette et la fantaisie, les magnifiques processions de Saint-Sulpice, les séances de la Sorbonne et le boudoir de Mlle Duthé, le For-l'Évêque et les racoleurs, l'Almanach royal et les chansons du carrefour, tout ce tumulte, toutes ces malices, toutes ces grandeurs, toutes ces élégances, toutes ces misères, tout ce monde enfin, si complètement disparu!

Tour à tour, avec un esprit infatigable, avec une science profonde, — on jurerait qu'il a vécu de leur temps, — Jules Janin nous parle de Diderot et de Rameau, du *Mercure,* de l'*Encyclopédie,* de Lantara, de Mlle Hus et du censeur royal, de la Guimard, du financier Bouret et du marquis de Nesle, des romances de Moncrif et des romans de Mme de Graffigny, du lieutenant civil et du poète Gilbert, du prince de Conti, de Jean-Jacques Rousseau, de la Dugazon et de Mme de la Popelinière... Le siècle entier y passe, avec ses folies, ses spirituelles gaietés, ses éclairs de génie et le terrible coup de tonnerre final! L'enchanteur agite sa baguette, et tout s'anime : tantôt nous sommes éblouis, et tantôt effrayés.

L'historien, mettant ainsi fort ingénieusement en présence le célèbre neveu du musicien Rameau et le philosophe Diderot, continue et complète, avec un art infini, la création étonnante de Diderot lui-même. A côté des pages sombres et énergiques, il en existe d'ensoleillées et de joyeuses, dans ce livre qui nous retrace l'étrange et charmante époque où tant de grâce et de vif esprit ont été mêlés à tant de scandales et de légèretés coupables, hélas! si cruellement punis!

On voit à merveille, en lisant cette étude puissante et colorée, écrite à l'automne de la vie, que l'esprit du maître est demeuré jeune et pétillant, et que sa verve intarissable n'a rien perdu de son originalité. En vain les années ont marché, en vain ce fervent admirateur des vrais chefs-d'œuvre a blanchi, en vain il s'est courbé, en vain la goutte impitoyable l'a condamné, lui, l'ami des ombreux sentiers, à rester immobile dans son fauteuil, on peut l'affirmer, son heureuse passion pour les lettres a jusqu'au bout conservé toute sa force. En dépit de l'âge et de la maladie, l'auteur de *la Fin d'un*

Monde, fidèle à son passé, donne raison à M. Barbey d'Aurevilly, qui a dit excellemment : « Le brillant
» talent de M. Jules Janin n'a jamais été qu'une
» jeunesse. Ce talent s'appelle vingt-cinq ans. »

Passy, Avril 1873.

Les premiers hiéroglyphes que Jules Janin nous a adressés sont datés du 8 Février 1855. Ils nous parvinrent à Cherbourg, où nous habitions à cette époque. — En voici les principaux passages, déchiffrés naguère avec une vraie joie !

« ... *Cette profession des Lettres est rude et difficile, à la longue ! A vingt ans on la trouve charmante, mais, trente ans plus tard, quand on compte avec soi-même, et quand on voit les pièges, les abîmes, les calomnies, les dangers, le travail accompli, — et comme on est peu avancé dans ce sentier d'épines, on est bien triste et bien accablé.*

» *Heureusement que de temps à autre vous arrive une bonne fortune, semblable à l'aimable lettre que je reçois de vous ; alors on se sent tout consolé.*

» *Quand vous viendrez à Paris, ne cherchez pas midi à quatorze heures pour me venir visiter, — je suis chez moi tout le jour et tous les jours.* »

JADIS étant — un peu — un volume de *Mémoires,* on nous pardonnera sans doute d'y insérer quelques courts fragments de lettres, ayant trait à notre livre sur le célèbre critique. Ces citations, d'ailleurs, prouveraient au besoin la complète exactitude d'un ouvrage accueilli favorablement par la Presse et par le Public.

Madame J. Janin nous a écrit :

« *Cher ami, aujourd'hui vous m'avez consolée!* »

Un académicien, à bon droit regretté des délicats, M. Silvestre de Sacy, qui, durant cinquante ans, fut intimement lié avec l'auteur de *Barnave,* nous envoya, en toute hâte, son impression :

« *Votre livre sur notre cher Jules Janin m'a touché jusqu'au fond de l'âme... C'est un portrait vivant; Janin y respire tout entier!*

» *Je ne veux et ne puis rien ajouter à cet éloge que mes remerciments les plus vifs, et l'expression d'une reconnaissance qui sera partagée par tous les amis de celui dont vous avez parlé avec tant de bonne et sincère éloquence.* »

Le Secrétaire perpétuel de l'Académie Française, M. Camille Doucet, a formulé ainsi son opinion (à propos de la troisième édition, très augmentée) :

« *Je vous dois un grand plaisir et un bon dimanche... J'ai tout lu, du commencement à la fin, charmé de tout... Cette lecture m'a rajeuni.* »

Encore deux extraits d'une ou deux lignes seulement, pour ne pas abuser :

« *... Jules Janin ne pouvait être loué avec un art plus ingénieux et plus délicat.*
            » OCTAVE FEUILLET. »

« *Ce joli livre fait aimer à la fois, et Jules Janin, et celui qui raconte sa vie avec tant d'esprit, de talent et de cœur.*

» Ludovic Halévy. »

Beaucoup de juges éminents ont honoré nos diverses publications de la plus chaleureuse sympathie. Nous leur offrons, à tous, l'expression d'une profonde et bien fidèle gratitude !

Il faut mentionner particulièrement ici les anciens amis de Jules Janin, qui ont loué notre étude sur lui, en pleine connaissance de cause : MM. Alexandre Dumas fils, le comte Armand de Pontmartin, Henry de Pène, Alphonse Karr, Arsène Houssaye, Joséphin Soulary, Édouard Fournier, Jules Lacroix, le bibliophile Jacob, Eugène Manuel, Louis Ratisbonne, J. Barbey d'Aurevilly, Théodore de Banville, Louis Ulbach, etc.

L'appréciation ci-après, d'un des parrains de J. Janin à l'Académie, nous a notamment rendu très fier et très heureux. Nous l'empruntons à l'un des nombreux articles publiés au sujet de la première édition du volume dont il s'agit :

« ... Ce livre, touchant et charmant, sera bientôt dans toutes les mains... Nul mieux que M. Piedagnel ne pouvait parler de la vie intérieure, des qualités personnelles, des procédés de travail de notre illustre collaborateur. Il a été longtemps son secrétaire. Il était son ami, son « consolateur » dans les derniers temps, comme l'écrivait M. de Pontmartin (*Gazette de France*); et le spirituel critique ajoutait : « Écrivain et poète distingué, M. Piedagnel nous doit un livre sur l'homme dont il a recueilli les dernières pensées et adouci les derniers moments... » Le livre nous était dû ; le voilà fait ; jamais dette d'amitié et de reconnaissance envers une aimable mémoire n'aura été plus dignement acquittée.

» Cuvillier-Fleury (*Journal des Débats*). »

Dans son discours prononcé en séance solennelle, au Palais de l'Institut, le 2 Mars 1876, pour la réception de M. John Lemoinne (successeur de Jules Janin), M. Cuvillier-Fleury, directeur de l'Académie Française, a consacré une note des plus élogieuses à notre ouvrage, qu'il avait déjà recommandé, avec tant de chaleur et d'autorité, dans les *Débats* du 22 Novembre 1874.

A PROPOS D'HORACE

A JULES JANIN

Je viens de lire le volume
Qu'hier vous m'avez envoyé :
Ce Benjamin de votre plume
Mérite bien d'être choyé !
A tout le monde il saura plaire ;
Déjà partout on l'applaudit,
Lui trouvant la grâce et l'esprit
De ses aînés et de leur père.

Vous aimez le divin Horace,
Et vous savez le faire aimer ;
On le voit, vous suivez la trace
De ce maître en l'art de charmer.
Votre Muse a ce qui scintille
Chez ce poète séduisant,
Et chacun croit, en vous lisant,
Que vous êtes de sa famille.

A. P.

Passy, 12 Avril 1860.

LES ENFANTS

LES ENFANTS

I

ORSQUE le mélancolique automne touche à sa fin, savez-vous où il y a encore des rires et des refrains entraînants? du plaisir sans arrière-pensée, de l'expansion de bon aloi? — Non! — Eh bien! je vais vous le dire. C'est dans le jardin des Tuileries, dès que le roi-soleil daigne y faire une courte visite. C'est sous les marronniers, dégarnis à demi; à deux pas de la *Petite-Provence :* ce paradis terrestre en miniature, cette oasis chérie des vieillards souffreteux.

Si vous alliez aux Tuileries, quand le temps s'éclaircit un peu, vers deux heures de l'après-midi, vous y verriez des groupes d'enfants aux fronts blancs et polis, aux yeux brillants et pleins de ciel. Regardez-les tous, le col, les bras et les jambes nus, chantant, sautant, courant, jasant, riant aux éclats! Pour eux, pas de préoccupations réelles, pas de soucis sérieux, pas de déceptions amères. Tout est lumière et tout est joie! Demain (ce terrible demain!) leur importe peu, je vous jure. Ils s'amusent tant aujourd'hui! Leurs petits chagrins sont de courte durée, et, s'ils pleurent, par hasard, ils riront aux larmes au bout de cinq minutes. Et quel rire argentin! Écoutez! — Comme le cœur bat, dès qu'on rêve à cette ardeur naïve, hélas! toujours trop vite envolée! — Enfance, jeunesse! Illusions, espérance!

Adossées aux grands arbres du jardin, les jeunes mères lisent ou travaillent. Mais, en vérité, elles s'occupent fort peu du livre, — tant pis pour l'auteur! — et bien moins encore de la broderie commencée. Leurs yeux ravis se portent à chaque instant vers ces lutins roses qui sautillent et babillent, formant çà et là des essaims bourdonnants et délicieux.

Ce doux tableau, parfois inondé de rayons bienfaisants, console et séduit. Le promeneur ne peut rester morose en présence de ces adorables ivresses. Pauvres et chers ignorants! Jouez, riez, profitez du rare soleil de Novembre ; profitez surtout de l'amour de vos mères :

« Votre âge
Échappe à l'orage ! »

II

Quoi de plus charmant, de plus doux au cœur? Ces petits êtres, destinés à devenir ou des femmes dévouées, des mères attentives, ou des citoyens utiles au pays, des hommes chargés d'années, c'est-à-dire d'expérience et de déceptions, sont, en attendant, l'expression la plus complète du bonheur vrai. Que de vivacité dans leurs gestes, quelle limpidité dans leur regard profond, que de gaietés franches sur leurs lèvres innocentes! Ah! les jolies dents blanches, et quelles joues vermeilles! Ils sont la joie, la fête de chaque jour, la grâce et la véritable richesse de la maison. Ces anges du foyer (anges et démons tout ensemble!) si caressants, si curieux, nous ravissent avec leurs éternels *pourquoi?* Ils veulent tout savoir!... Plus tard, hélas! quand leurs cheveux bouclés auront blanchi au rude souffle des hivers et des désillusions, fatigués, attristés, écœurés par le spectacle navrant de la méchanceté humaine, — du mensonge, de l'égoïsme glacial, — ils trouveront peut-être qu'ils en savent trop!... Oui, mais à l'âge béni de l'insouciance, au temps ensoleillé du rire sonore, des jeux bruyants et des chansons, que d'allégresse! que de tapage et quel entrain merveilleux!

Heureuse enfance! rien ne lui fait défaut; elle a ses historiens, elle a ses poètes. Le plus illustre de tous, Victor Hugo, vient d'écrire un livre en l'honneur de sa petite-fille Jeanne et de son petit-fils Georges. — Il est puissant et charmant à la fois, ce volume rempli d'émotions, de lumière, de parfums, de bruits d'ailes, de séductions infinies. Déjà, dans ses œuvres antérieures, le grand poète avait parlé souvent des enfants avec son cœur, et ces pages harmonieuses et touchantes sont restées dans toutes les mémoires. Mais, aujourd'hui, l'auteur des *Contemplations* nous offre un ouvrage entièrement consacré à célébrer le pouvoir magique et les grâces ineffables de l'enfance, et nous ne savons rien de plus exquis que ce recueil, intitulé : *L'Art d'être grand-père.* Quelle éloquence et que de tendresse! Croyez-moi, il faut égrener ces perles si pures, il faut lire et relire ces strophes ravissantes, — en songeant aux petites têtes blondes ou brunes si justement adorées; aux enfants insoucieux et jaseurs, qui, le soir venu, après une journée de plaisir, dorment à poings fermés, attendant avec confiance le retour du soleil matinal.

En savourant cette poésie, vous vous souviendrez, aimables lectrices, de l'âge où vous faisiez l'école buissonnière, les cheveux ébouriffés, la bouche barbouillée de confitures, et si vives, si légères, si joyeuses, — tour à tour choyées par les mamans, par les vénérables aïeuls, et par les bonnes vieilles grand'mères, qui, rajustant leurs lunettes qu'avaient dérangées vos baisers turbulents, interrompaient si volontiers leur tricot ou la tapisserie commencée, pour vous raconter de belles histoires, toutes pleines de géants triomphants, de mauvais génies vaincus, et de fées bienfaisantes, somptueusement parées d'or, de velours et de diamants.

Ah! l'heureux temps, le *bon temps*, et, — en dépit des pensums, — comme il a passé vite !...

Croyez-moi, mères tendres, ingénieuses et infatigables, lisez le nouveau livre de Victor Hugo; quand vous l'aurez lu, près du berceau où repose votre cher et doux trésor, — vous le relirez plus d'une fois.

Paris, Mai 1877.

Rien, assurément, n'est plus sain, plus tonique, que l'admiration. — J'étais en pleine jeunesse lorsque Lamartine m'écrivait, le 15 Janvier 1855, une ravissante lettre dont j'extrais les lignes suivantes :

« ... *J'ai senti profondément, croyez-le bien, cette expression spontanée d'une âme généreuse. Puisque vous me faites une part si large dans votre vie intellectuelle, permettez-moi de vous souhaiter de garder précieusement cette chaleur d'âme qui vous honore et qui me vaut ma meilleure récompense.* »

Le vœu de l'illustre poète s'est réalisé. Il y a trente ans de cela, et, Dieu merci, les belles œuvres, les grands esprits me passionnent tout comme autrefois.

Victor Hugo, qui me témoignait une extrême bienveillance, m'a souvent écrit. Il est inutile de dire que je l'admirais ardemment !

Voici deux des lettres si indulgentes du Maître, adressées à l'auteur de *Jadis*.

Je possède aussi son portrait, au bas duquel il a mis cette dédicace, suivie de sa signature : « *A Alexandre Piedagnel, ex imo corde!* »

« Hauteville-House, 17 Octobre 1866.

» *J'ai été absent, j'arrive et je trouve dans un excellent journal une belle page sur les* Travailleurs de la Mer, *et au bas de cette page votre nom. Vous savez comme j'aime vos vers; je suis heureux de sentir dans un si charmant poète un ami. Vous parlez de mon livre en homme qui connaît la mer, et vous expliquez éloquemment mon but : peindre ce double abîme, l'Océan et le cœur humain.*

» *Je vous remercie, cher poëte, avec mon plus cordial serrement de main.*

» Victor Hugo. »

« Paris, 11 Septembre 1870 » (l'*Année terrible*).

« *Cher confrère, merci.*

» *Nous nous touchons par l'esprit et par le cœur, et je sens votre âme vaillante près de la mienne. Venez le jour que vous voudrez, à une heure, et faites-moi passer votre nom. Je suis dans un tourbillon, mais dans ce tourbillon même qui m'emporte où Dieu le veut, il m'est doux de sentir ma main pressée par une main comme la vôtre.*

» *Mes hommages aux pieds de votre digne et charmante femme.*

» V. H. »

Le 17 Septembre 1880, à Guernesey, nous passions l'après-midi, ma femme et moi, chez Victor Hugo; sa belle-sœur, Mme Chenay, nous y recevait avec la plus gracieuse cordialité.

J'ai crayonné, tout ému, le sonnet suivant, sur la terrasse agreste où l'illustre auteur de la *Légende des Siècles* a si fréquemment rêvé, en contemplant la mer!

HAUTEVILLE-HOUSE

Le génie a laissé sa marque glorieuse
Dans la vaste maison, pleine de souvenirs,
Où l'Exilé, fidèle à d'austères loisirs,
Créait, grave et puissant, mainte œuvre merveilleuse.

En son ombreux jardin, près de la scabieuse
Et de l'iris, au front couronné de saphirs,
Le vert laurier m'a dit les sublimes désirs
Que donne à ses élus la Muse radieuse.

Sans trêve, à l'horizon, roule l'immensité. —
Des poèmes sont nés, pour la postérité,
Sur ce roc de granit que la vague dentelle !

Le Maître, infatigable, a défié les ans ;
L'Idéal est son hôte, — il chérit les enfants :
Ce double amour au cœur met la flamme immortelle !

A. P.

LE PREMIER VOYAGE

LE PREMIER VOYAGE

CROQUIS

AGUÈRE, ô mon lecteur! je vous racontais de mon mieux le spectacle de la plage, les voiles blanches à l'horizon, les robes roses et lilas se croisant sur le sable; je vous disais l'animation séduisante de ce Trouville qui est devenu — ô miracle! — une succursale du boulevard des Italiens. Aujourd'hui, de ma fenêtre, je vois les rives de la Seine, couvertes de joncs et de massifs fleuris; partout le calme, interrompu de loin en loin par le coup de fusil d'un chasseur « diligent », qui massacre les pierrots, sans nul souci des lois en vigueur. — Quels beaux ombrages autour de moi! Ces tilleuls

odorants, ces ormes centenaires réjouissent le regard, et dans cette paix profonde et riante, il fait bon vivre.

Au moment même où j'allais rouvrir un volume préféré, quel tapage inattendu ! Qu'est-ce donc ? Un bruit d'ailes, de légers cris joyeux... toute une scène champêtre ! Ma foi, je suis sous le charme, et je tiens à vous faire partager ma douce émotion.

Une hirondelle vient de chercher un asile verdoyant, pour ses petits qui vont débuter dans la vie en plein ciel. Son nid est là, presque à portée de ma main, à côté de la persienne. Cette mère, attentive et prudente, a donné le signal, et les enfants, guidés par elle, se sont élancés soudain, non sans un peu d'inquiétude, hors du nid qui les abritait si bien. Ce premier voyage sera court !... Les voilà déjà installés sur la maîtresse branche d'un marronnier, situé en face de leur domicile accoutumé. On a eu peur, assurément, pendant ce trajet aérien; on a eu de la joie aussi, car l'inconnu offre tant de plaisir ! Et, maintenant, au milieu des feuilles protectrices, on s'agite, on gazouille, on finit sa toilette; et, sans perdre de temps, l'hirondelle ma voisine est allée à la provende. Ce n'est pas le tout, en effet, de se promener, d'essayer ses ailes luisantes, il faut déjeuner ! On déjeune, — et gaiement, je vous le jure. La mère, heureuse et infatigable, a recommandé aux jeunes voyageurs de l'attendre, et, à chaque instant, elle tournoie, elle voltige, elle revient, apportant un insecte qui se débat vainement. Les petits becs s'ouvrent à son approche ; et, ne se trompant jamais, elle sert son monde tour à tour, se hâtant chaque fois d'aller à la provision, afin de contenter ces quatre estomacs impatients. — Ils sont tous rangés sur la branche choisie... Tranquille à leur égard, pour ce matin du moins, je ferme ma parenthèse, et je reprends ma lecture...

Seine-Port.

Comme contraste, j'emprunte à mon deuxième volume de poésies (*Hier*) les strophes suivantes :

UN NAUFRAGE

Pour l'Album de Giacomelli : *Joies et Misères des petits oiseaux.*

Bien que d'humeur aventureuse,
Dès Avril, songeant au berceau,
La jeune fauvette amoureuse
Le construisit près d'un ruisseau.

Quel vol fréquent, léger, rapide,
Autour de l'arbre favori,
Reflété par l'onde limpide...
Mais, soudain, quel horrible cri !

Le couple, effaré sur sa branche ;
Le nid tombé, flottant là-bas...
La mère, au désespoir, se penche :
« O chers petits, ne mourez pas ! »

Tout à l'heure encor tant de joie ;
En plein azur, tant de chansons !
Le bonheur, à présent, se noie,
Et le deuil est dans les buissons.

Frêle couvée à la dérive,
Tu vas périr, sans nul secours !
— Et, sur ce drame de la rive,
Les journaux se tairont toujours.

A. P.

SUR HENRY MÜRGER

SUR HENRY MÜRGER

'INGÉNIEUX conteur à qui nous devons les *Scènes de la Bohême*, le *Pays Latin*, le *Bonhomme Jadis*, les *Vacances de Camille*, et tant d'autres petits chefs-d'œuvre de grâce et de sentiment vrai, a été accusé de *réalisme*.

Voici ce que nous écrivions à ce sujet, dans la *Revue Française*, le 15 Février 1862, pour essayer de le défendre :

> Quand l'espoir fuit à tire-d'aile,
> Notre âme aussitôt s'assombrit,
> Et c'est le souvenir fidèle
>   Qui la guérit !
>   A. P.

Pauvre Mürger ! lui réaliste ? — lui qui écrivait seulement à ses heures, fouillant avec joie le passé

pour y retrouver ses plus ardentes, ses meilleures inspirations; évoquant les folles amours, si douces, si charmantes; les chansons joyeuses, les amitiés confiantes, les espérances dorées!... Et pourtant, dans ces souvenirs de la vingtième année, qu'il gardait si précieusement au fond de son cœur, que de tristesses et de secrètes privations! Combien de longs jours de pluie, en attendant le gai rayon de soleil, — qui venait si rarement! Quelle misère courageusement combattue pied à pied!... Qu'importe! n'avait-il pas la jeunesse! « O la jeunesse! » — s'écriait naguère Jules Janin avec une admirable éloquence, — « la jeunesse! Dans le livre, dans le
» drame, dans le rêve, dans le monde, elle peut
» remplacer merveilleusement toutes choses. La
» jeunesse, c'est l'espérance en sa fleur, ce sont
» toutes les émotions du cœur de l'homme, j'en-
» tends toutes les nobles et douces émotions réu-
» nies, entassées, florissantes et chantantes pas-
» sions d'un jeune cœur. La jeunesse, c'est la
» misère folâtre, c'est le frais sommeil, c'est la
» santé qui vit de peu; c'est l'amour au hasard qui
» bondit comme un jeune lion, ce sont les jolies
» filles en robes fanées, aux dents blanches, aux
» mains rouges, au sein qui bat. La jeunesse, c'est
» la poésie, éparse çà et là, qui vous accompagne
» comme un parfum invisible; elle se joue à votre
» chevet, elle s'assied à votre table, elle rit dans

» votre verre à demi plein; c'est elle qui ouvre la
» porte aux créanciers avec son air madré et bou-
» deur, et qui les paie avec un sourire. Dites-moi
» donc, quand vous faites un livre, si votre héros
» est un jeune homme ! En ce cas, vous êtes sauvé,
» mon frère, en ce cas vous allez faire un chef-
» d'œuvre ! » — Et c'est ce qui arriva, en effet, à l'auteur des *Scènes de la Vie de Bohême!* Ses héros étaient jeunes, le cœur plein à déborder d'amours printanières, de douces confiances, de robustes illusions ! — et cherchez donc, s'il vous plaît, dans ces volumes pimpants et mélancoliques à la fois, dont toutes les pages furent écrites en l'honneur du séduisant Avril, si le réalisme a pu se glisser quelque part ! Pauvre et ravissant poète ! — M. Théophile Gautier a raison : « Les perles de son écrin sont d'anciennes larmes
» gardées. » — Précisément à l'époque où nous sommes, au milieu de l'hiver, par un temps de brouillard, — il s'éteignait, — voilà un an, — sur un lit d'hôpital ! (1) « La Bohême n'est pas une
» institution, » disait-il avec un pâle sourire; —
« c'est une maladie, et j'en meurs !... »

Nous allons citer, au hasard, un ou deux frag-

---

(1) Né à Paris, rue des Trois-Frères, n° 5, en Avril 1822, Henry Mürger y est mort, à la maison Dubois, le 28 Janvier 1861.

ments de la correspondance privée d'Henry Mürger (1) — qui mettront à même de l'apprécier davantage encore :

« Marlotte, 21 Mai 1860.

» *Ma chère enfant,*

» *.... Il y a là, sur le buisson de la Sablière, une fauvette à tête noire qui chante, qui chante, avec la gaieté d'un jeune poète au bord d'une mansarde. — Sais-tu le secret de sa joie? C'est qu'il fait beau temps et qu'elle a un voisinage amoureux. — Cette fauvette est dans le vrai comme tous les innocents. Je ne puis pas te la mettre sous enveloppe pour qu'elle te porte mes commissions d'amour, — mais tu trouveras quelques brins de l'aubépine qui fleurit sa branche. Adieu, chère mignonne bien-aimée, et au plus tard mercredi. Prends le train de 1 h. 45. — Tu auras l'avantage de profiter de l'omnibus de Fontainebleau à Marlotte, qui ne coûte que 16 sous. — Voilà que je compte à présent. — Qu'est-ce qui m'a appris? Ce n'est pas la fauvette de tout à l'heure.*

» *A toi encore et toujours,*

» HENRY. »

D'une autre lettre, plus ancienne, et écrite en un jour de détresse, nous transcrirons le post-scriptum.

---

(1) Extraits de l'*Histoire de Mürger, pour servir à l'histoire de la vraie Bohême,* par TROIS BUVEURS D'EAU (MM. A. Lelioux, Léon Noël et Nadar).

Mürger ayant pris la patte de sa chienne, lui avait fait tracer ces lignes :

» *Ma chère maîtresse, il paraît que nous allons passer de bien mauvais temps. Mon maître parle de me supprimer la pâtée du matin et veut me louer à un berger, pour que je gagne de l'argent. Mais comme j'ai la réputation d'aimer les côtelettes, on ne voudra pas de moi pour garder les moutons. — Si vous trouvez un joli collier avec des diamants, dans les prix de vingt-cinq sous, apportez-le-moi.*

» *Je vous embrasse,*

» Chienne Mirza. »

14 Mars 1845.

Jusqu'à son dernier jour, Mürger a vécu de souvenirs. Il avait chanté bien souvent, tandis que de tièdes larmes tremblaient au bord de ses paupières, toutes ces folles insoucieuses, Mimi, Musette, Francine, Camille... si câlines, au front si blanc, aux lèvres rouges comme des cerises, au petit pied chaussé de mignonnes bottines — achetées pendant les quarts-d'heure de fortune ! Il les retrouvait dans ses chères rêveries, avec leur sourire d'enfant gâté, leurs yeux pétillants de malice, leurs cheveux dénoués... Puis il entendait vaguement, à son oreille charmée, le bruit des gais refrains, des causeries à voix basse, la main dans la main; et les bons rires sonores, et les longs baisers, sous les lilas en Mai; — devant les tisons en Décembre, — quand on faisait du feu par hasard!... Ces doux songes le consolaient des déceptions, des souffrances de la vie réelle, de la vie de chaque jour, qui, pour lui, fut courte et amère! Mais le poète voyait tout ce beau cortège de la jeunesse à travers un prisme enchanteur! Une boucle blonde ou brune, une rose sèche, un bouquet fané, un billet — sans orthographe, — froissé, et déjà jauni; — lu deux cents fois peut-être!... C'étaient pour Mürger autant de trésors. Il n'en posséda jamais d'autres!... Est-ce donc là le réalisme?...

PENDANT LE SIEGE

PENDANT LE SIÈGE

A L'AMBULANCE DU COLLÈGE CHAPTAL

Paris, samedi 28 Janvier 1871.

ANS chaque salle se trouvent, toute la journée, des dames qui prodiguent leurs soins à nos soldats avec une chaleur d'âme et une persévérance admirables. — La directrice nous a mené au chevet du lit de douleur d'un petit volontaire, né à Caen et âgé de seize ans à peine, presque agonisant, hélas! — et soigné maternellement. Plusieurs de ses camarades, également traités à l'ambulance, ont déclaré qu'il s'était battu « comme un lion »!

En regardant cette jeune figure pâlie, si intelligente, si sympathique, éclairée par de grands yeux noirs, qui, en présence de l'ennemi, devaient lancer des flammes! — nous nous sommes pris soudain à songer, le cœur serré, à la dernière invocation du poème des *Martyrs :* « La jeunesse » est une chose charmante; elle part au commen- » cement de la vie, couronnée de fleurs, comme » la flotte Athénienne pour aller conquérir la » Sicile... » Pauvre enfant enthousiaste, tu partais, toi, pour aider à la délivrance de ta patrie! Tu donnais, sans compter, à ton pays en deuil, tes trésors d'espérance; ton âme, ardente et ingénue, ne connaissait pas l'hésitation; malgré ta famille anxieuse, tu courais au danger, plein de foi et d'indomptable courage! Cher héros obscur, fasse Dieu qu'à défaut de cette gloire bruyante que tu ne cherchais pas, la santé te revienne bientôt! Qu'il permette que, du moins, le sourire des riantes illusions erre encore sur tes lèvres aujourd'hui décolorées, et que le doux rayon d'Avril brille de nouveau dans tes yeux limpides.

Mais, hélas! personne ici n'ose plus l'espérer! Non, il faudrait un miracle... Dans quelques heures, sans doute, tout sera fini; ce regard déjà voilé va s'éteindre, et ta pauvre mère ne te reverra qu'au ciel!

O sainte et fière jeunesse, on ne saurait trop admirer ton noble dévouement; fidèle au devoir, tu t'es jetée, impétueuse, dans les bras de la Mort, à l'heure des beaux rêves d'avenir, et la France se souviendra toujours avec reconnaissance de tes efforts généreux!...

*
* *

Comme nous nous penchions, agitant ces pensées, vers ce brave enfant épuisé par la souffrance, il nous regarda tristement et murmura :

« J'aimerais bien à vivre encore ! »

Une heure plus tard, il expirait.

―――――

Notre volume sincère sur les *Ambulances de Paris pendant le Siège,* — publié, d'abord, par chapitres, dans *Paris-Journal,* — nous a valu beaucoup de charmantes lettres, assurément bien précieuses. En voici deux, qui offrent un intérêt tout spécial, à cause des signatures :

« 8 Novembre (1871).

» J'ai lu tout de suite, mon cordial et cher confrère, les deux éloquents chapitres... Je vous remercie. Vous avez bien fait de faire ce livre. Ce sera une page touchante *parmi les pages sanglantes de ce grand siège de Paris, qui sera la gloire de la France et la honte de la Prusse.*

» *A bientôt. Je vous serre la main.*

» Victor Hugo. »

(Sans date.

« *Vous êtes bien, cher Monsieur, le plus charmant ami, et le plus indulgent de tous les hommes.*

» *Votre lettre m'a fait un infini plaisir; d'autant plus que je me sentais en faute vis-à-vis de vous. J'avais non pas oublié, mais retardé de vous remercier pour votre aimable envoi.*

» *J'ai fait relier ce petit volume plein de souvenirs émouvants, et je compte le laisser à mon fils; car c'est ma croix d'honneur à moi.*

» *Je suis heureuse d'avoir réussi dans* Ruy Blas, *et je vous suis, cher Monsieur, infiniment reconnaissante de votre charmante lettre.*

» Sarah Bernhardt. »

L'admirable artiste avait fondé, avec le concours de quelques amis, et dirigé pendant toute la durée de l'investissement, une ambulance au théâtre de l'Odéon, très importante et organisée à merveille.

Le dévouement infatigable de Mme Sarah Bernhardt méritait les plus grands éloges, et nous lui avons simplement rendu justice.

Voici les noms de quelques-unes des personnes qui nous ont adressé de vives félicitations, à propos de notre livre :

Mmes Thiers, la duchesse de Riario-Sforza (sœur de Berryer), la baronne James de Rothschild, L. de Fontenelles, la marquise de Saffray, la comtesse Dash, Marie Favart, de la Comédie-Française, etc.; et MM. Cuvillier-Fleury, Patin, François Coppée, Édouard Fournier, Jules Claretie, le comte de Chevigné, Arsène Houssaye, Charles Monselet, Giacomelli, Julien Travers, J. Hetzel (P.-J. Stahl), Ch. Deulin, le baron Ernouf, l'amiral Maudet, Léouzon-Leduc, Armand Gouzien, Jules Levallois, Paul Fould, le colonel Staaff; les docteurs Ricord, Blanche, Monod, Chanet, Marvaud, Decaisne, Walther, médecin en chef de la marine, Chenu, directeur général des Ambulances de la Société internationale de secours aux blessés, etc.

Toute la Presse se montra on ne peut plus favorable à l'ouvrage. — Nous nous souvenons, particulièrement, avec une émotion reconnaissante, du superbe article, très étendu, publié par notre cher maître Jules Janin, dans le *Journal des Débats;* de l'éloquent chapitre de M. de Pontmartin : *Nos Consolateurs* (tome VIII de ses *Nouveaux Samedis*), et de l'excellente étude de Charles Louandre, dans la *Revue des Deux-Mondes*.

A. P.

POÉSIE

PASTELS ET FUSAINS

Les pièces que je réunis ici, parce qu'elles ont trait au temps jadis, sont tirées de mes trois volumes de poésies : AVRIL, HIER, *et* EN ROUTE.

A. P.

PASTELS ET FUSAINS

« ... Ce sont les poètes qui finalement ont raison, parce que c'est l'Idéal qui est la vérité.
» ALEXANDRE DUMAS fils. »

(Extrait d'une lettre adressée l'auteur de *Jadis*.)

SENTIER PERDU

Cher sentier que la mousse verte
Tapisse durant les beaux jours,
Pays du rêve! route ouverte
A l'espoir, aux jeunes amours;

Chemin béni tout rempli d'ombre,
Asile des petits bonheurs,
Où l'on peut marcher sans encombre,
Enivré du parfum des fleurs!

Je te cherche sous la ramure,
Mais, hélas! mes pas sont tremblants;
J'entends la source qui murmure,
En courant sur les cailloux blancs;

De son aile la brise effleure
Le ruisseau clair et babillard...
Je me souviens — et puis je pleure;
Tout disparaît dans un brouillard!

Les oiseaux joyeux, dès l'aurore,
Improvisaient de doux concerts;
Je croyais les entendre encore :
Aujourd'hui leurs nids sont déserts.

La ronce, l'ortie et l'airelle
Ont étouffé les fleurs du bois.
En vain j'écoute, en vain j'appelle :
L'écho seul répond à ma voix!

Printemps de la vie, ô jeunesse!
Amours, chansons, enivrements;
Confiante et pure allégresse,
Bonheur facile, espoirs charmants!

Pourquoi vous être enfuis si vite,
Et pourquoi ne plus revenir,
Jours heureux où le cœur palpite,
Impatient de l'avenir?...

Et toi, séduisante amoureuse,
Qui, tant de fois, dans ce sentier,
M'as juré, sous la voûte ombreuse,
Que j'avais ton cœur tout entier;

Toi, dont les petites mains blanches,
— Trop inhabiles au travail ! —
Aimaient tant à casser les branches
Pour remplacer ton éventail,

Qu'es-tu devenue, ô perfide?
Gourmande du fruit défendu !...
Moi, sans espérance et sans guide,
Je cherche le sentier perdu.

PRIMEURS

Au flâneur, le long du marché,
Mai, qui sourit, fait des surprises :
Par hasard, m'étant approché,
J'ai vu les premières cerises !

Ces beaux fruits ronds, brillants, charnus,
Sur des lits épais de fougère,
Pour nous tenter sont revenus
Avec la fraise bocagère.

Dès ce soir, les petits enfants
Aux lèvres pures et vermeilles,
Après leur dîner, triomphants,
Se mettront des pendants d'oreilles.

Plus tard, dépouillant les buissons,
Et barbouillés du jus des mûres,
Ils iront jaser, gais pinsons,
A l'ombre des vertes ramures.

Mais mon cœur se serre. — Pourquoi?
— Je songe à ma lointaine enfance,
Aux rires de si bon aloi,
Pleins de naïve insouciance...

En ce temps, ma mère, à son cou
Me prenait (ô douceurs exquises!),
Et, très fier d'un bouquet d'un sou,
J'avais les premières cerises!

L'ŒILLET

Le voilà sur ma table, à côté du papier
Qu'hier soir j'ai noirci. Sans parfum il m'enivre;
Il est fané pourtant : c'est dans un très vieux livre
Que je l'ai découvert chez un pauvre fripier;

Pas même bouquiniste ! Un vendeur de guenilles
Possédait ce *Tibulle* où l'œillet a dormi,
Plus d'un siècle peut-être ? Et pour quel tendre ami
L'a-t-on soustrait jadis aux hideuses chenilles ?

L'enfant qui l'a cueilli dans le parterre ancien,
Où mainte odeur suave embaumait les allées,
Près du myrte, des lis, du thym, des giroflées,
Sans doute a rencontré le doux magicien ?

L'Amour rôdait, joyeux ! — Elle était svelte et blonde,
Le front pur des seize ans, un franc regard vainqueur ;
Avec la fleur de pourpre elle a donné son cœur :
Celui qui l'a reçu se croyait roi du monde !

Que d'aveux, de baisers, de gais chuchotements,
Que de projets éclos sous l'ombreuse tonnelle !
Comme on chantait à deux l'agreste villanelle,
Apprise au premier jour des éternels serments !

Rien ne peut te primer, ô divine jeunesse :
A toi le ferme espoir, la séduisante ardeur ;
A toi l'illusion — qu'on appelle Bonheur,
Et dont le souvenir rayonne et nous caresse.

Le galant d'autrefois, chargé d'ans, s'est couché
Pour toujours, et ses os sont réduits en poussière.
Sa bien-aimée aussi dort sous l'étroite pierre...
De leur printemps il reste un œillet desséché.

LA MARQUISE

On dit que tout s'efface; on prétend que tout fuit;
Que l'amour flambe une heure et s'éteint dans la nuit;
Que l'oubli glacial nous couvre de sa neige.
On dit que l'espoir même est mort en un instant,
Que la douleur tuera celui qui va chantant,
Et qu'un brevet de gloire est un vain privilége!

Hélas! quoi de plus vrai? Cependant, quelques noms
Étincellent encor : Socrates et Ninons,
Symboles de sagesse ou d'indicible grâce;
On cite des héros, des reines, des savants,
Des poètes heureux, des artistes fervents,
Appelés à durer, sur la Terre « où tout passe ».

C'est justice. Le Temps, ce grand faucheur jaloux,
Vieillard sourd et cruel, que l'on prie à genoux,
Ne peut nous arracher tout ce qui fut le charme;
Des francs parfums il reste au moins le souvenir:
L'indulgente bonté, qui se faisait bénir,
Mérite qu'on lui donne un regret, une larme!

Et l'esprit, qui console et réchauffe le cœur,
Ne doit-il obtenir qu'un froid dédain moqueur
Pour son œuvre vécue, ou naïve ou puissante?
D'admirer l'Idéal ne soyons jamais las!
Rajeunis, enivrés, des roses plein les bras,
Cherchons les rayons purs et l'onde jaillissante.

O Marquise ! les fiers et séduisants portraits,
Dont votre plume alerte esquissa tous les traits,
Conservent leur éclat en dépit des années ;
Que de vifs à-propos, que d'aperçus piquants,
De récits animés, spirituels, éloquents,
Dans ces LETTRES qui sont des perles égrenées !

Nul n'a su mieux rêver, causer, peindre, charmer ;
Et votre art se résume en un seul mot : *Aimer.*
On ne se lasse point de ces grâces légères ;
La raison, l'enjouement, le bon goût, l'intérêt,
Chez vous, tout cela règne et brille sans apprêt,
Divine Sévigné, la plus tendre des mères !

Château des *Rochers,* 23 Juin 1882.

EN ESPAGNE

FONTARABIE

La rue étroite monte, et, de chaque côté,
Se dressent les maisons, hautes, vieilles et sombres ;
L'hirondelle voltige au-dessus des décombres
Où fleurit la joubarbe en pleine liberté.

De fiers blasons sculptés décorent ces demeures,
Nous racontant l'éclat des fêtes d'autrefois :
Sérénades, soupers, cavalcades, tournois,
Entremêlés d'amours qui faisaient fuir les heures !

Jadis, richesse et gloire. — Et, maintenant, nul bruit.
A midi, deux passants : une duègne qui tousse,
Sur le seuil de l'église ; et puis, suçant son pouce,
Un enfant demi-nu qu'un chien maigre poursuit.

MATINÉE A IRUN

Le curé vient de dire une messe en plein air,
Près de sa pauvre église, à la voûte effondrée ;
L'autel est une table anciennement dorée :
La Vierge y resplendit sur un fond d'outremer.

Le crucifix d'argent par instants étincelle,
Et des gerbes de lis répandent un parfum
Qui, grisant doucement les dévotes d'Irun,
Les oblige à dormir, en dépit de leur zèle.

Appuyant sur son front un débris d'éventail,
Mainte vieille, en haillons, marmotte une prière,
A genoux sur le sol, dans l'angle du portail
Où, sans tête ni bras, se dresse un saint de pierre.

Le sacristain s'en va, traînant les pieds, courbé,
A grand'peine portant quatre chaises boiteuses ;
Une duègne, à voix basse, interroge un abbé ;
Le suisse, très râpé, reconduit les quêteuses.

Sur la place rustique, une troupe d'enfants
Croque des fruits véreux, s'agite, se dispute ;
L'un cogne son voisin, l'autre fait la culbute,
Et l'on est assourdi par des cris triomphants.

A deux pas, le marché se tient sous les platanes.
Dans de vastes paniers s'entassent giraumons,
Pastèques à chair rose, aubergines, limons,
Que vendent à bas prix de brunes paysannes.

A l'écart, sur un banc, et des fleurs à la main,
S'assied une fillette à la mine rieuse,
Qui me tend, quand je passe, un bouquet de jasmin,
En demandant un sou, câline et radieuse.

Sa robe est bien fanée et son fichu bien vieux ;
Qu'importe ! l'on croit voir une petite reine :
Son teint mat, et, surtout, l'éclat de ses grands yeux,
Lui donnent une grâce infinie et sereine.

« Comment t'appelles-tu ? (Nul ne me redira
Ton nom qui signifie : adorable innocence,
Pauvreté, poésie, heureuse insouciance...) »
— L'enfant rit et répond : « *Assumption Vera.* »

A SÉVILLE

Fantaisie

Les *toldos* ne sont plus soulevés doucement,
Par Rosine ou Suzanne écoutant une aubade;
Almaviva goutteux est devenu maussade;
Figaro prend du ventre et s'endort fréquemment.

Chérubin, retraité, parle de ses blessures;
Fanchette a des enfants, d'un quatrième époux;
Bartholo qui radote, hélas! n'est plus jaloux.
Marceline, toujours, rêve de procédures.

Basile, encor très droit, sec, jaune, obséquieux,
Ment, tout comme autrefois, avec un aplomb rare;
Le pesant Brid'oison, de paroles avare,
Dit Bonjour et Bonsoir, d'un ton sentencieux...

Les sots ne changent point. C'est la beauté qui passe;
C'est l'amour qui s'enfuit avec les gais printemps.
Adieu, frêles trésors qu'emportent les autans;
Adieu le vif esprit, la jeunesse et la grâce!

SACRIFICIOS

Souvenir du Mexique

A M. LE CONTRE-AMIRAL LOUIS MAUDET

Du sable, des roseaux que la mer bat sans trêve...
A l'horizon bleuâtre on voit comme en un rêve
    Le vieux fort d'Ulloa,
La triste Vera-Cruz, avec ses maisons peintes,
Puis, là-bas, bien au loin et dans les demi-teintes,
    Le pic Orizaba.

Le cœur se serre vite en cette solitude !
Nul abri. — Le pêcheur n'y vient point d'habitude
    Étendre ses filets ;
Toujours l'herbe est jaunie et rare sur la plage ;
Pour tout bruit on entend le flot vers le rivage,
    Polissant les galets.

A chaque pas on trouve une funèbre pierre.
Au milieu de l'îlot cet humble cimetière
    Témoigne qu'ici-bas
Sans la victoire il est bien des morts glorieuses...
Toutes ces croix de bois, ces légendes pieuses,
    Disent : Noble trépas !

Plus d'un jeune officier, dans l'horrible souffrance
D'une fièvre implacable, oubliant l'espérance,
   Ici fut terrassé !
Plus d'un brave marin qu'attendait sa promise,
Dort, sous ces grands roseaux inclinés par la brise,
   Immobile et glacé.

Des crabes, vers le soir, de tous côtés surgissent.
La mousse, le lichen et les algues tapissent
   Ces tombeaux désolés ;
L'alcyon fatigué s'y repose avec crainte ;
Le vent du Nord, parfois, dit une étrange plainte
   Sur ces morts exilés.

A bord du *Tonnerre,* mouillage de Sacrificios.

HENRY MÜRGER

A THÉODORE DE BANVILLE

Laissant pour la douce paresse
Sa porte ouverte à deux battants,
Il aimait surtout la jeunesse
Et les effluves du printemps.
Sa gaîté rêveuse, attendrie,
Nous racontait bien des douleurs,
Car il égrena de la vie
Non les sourires, mais les pleurs.

Il gardait mainte épave chère :
Reliques disant du passé
L'illusion trop éphémère,
L'amour — éternel — effacé.
Puis, quand ces débris pleins de charme
Évoquaient un songe enivrant,
Sur sa main tombait une larme
Qu'il essuyait en soupirant.

Le soir, dans l'ombre vaporeuse,
Il croyait entendre la voix
D'une belle et folle amoureuse
L'appelant, tout comme autrefois.
Son cœur alors battait plus vite :
Musette écoutait sa chanson,
Que commentaient la marguerite
Et le rossignol du buisson.

Mimi penchait sur son épaule
Son doux visage rose et blond ;
Ou bien, assise au pied d'un saule,
Sur ses genoux posait son front.
Oubliant les longs jours d'orage,
Les froids hivers — où l'on eut faim !
Il retrouvait, dans un mirage,
Ses vingt ans, perdus en chemin.

Vingt ans ! — Jusqu'à la dernière heure,
Son cœur eut cet âge béni !
Sous l'humble toit de sa demeure
L'hirondelle avait fait son nid...

Mais pourquoi pleurer le poète,
Puisque son nom toujours vivra?
Dès Avril, à Rose, à Ninette,
L'écho des bois le redira.

Paris, 1861.

———

(Extrait d'une lettre adressée à l'auteur,
le 20 Février 1861.)

« ... *Ils sont heureusement nés, ces vers, et bien naturels; ils sont dignes de celui que vous regrettez, — que nous regrettons tous, et quoique je ne l'eusse jamais connu personnellement ni rencontré, j'aimais à me le représenter comme vous le faites; je me suis fait bien souvent chanter son joli chant de la* Tonnelle. *— Hélas! de loin nous ne voyons que le riant de cette vie, et des amis qui l'ont partagée m'en ont dit souvent aussi les côtés tristes et amers. Mais le souvenir arrange tout cela: on regrette Musette quand on ne l'a plus.*

L'amour — éternel — effacé,

est un charmant vers.

» Sainte-Beuve. »

~~~~~~

LE PARC

Le château Louis Treize est tapissé de lierre;
La lèpre des ans ronge et jaunit son perron
A double rampe svelte, en dentelle de pierre,
Où le lézard sommeille, où court le liseron.

Les murs tout crevassés, les fenêtres sans vitres,
La toiture arrachée à demi par les vents,
Montrent sinistrement le vain éclat des titres,
Et que l'homme bâtit sur des sables mouvants.

De joncs, de roseaux secs et de bourbe remplie,
L'ancienne pièce d'eau longe le parc obscur;
Chaque allée, à présent, par la ronce envahie,
Paraît ne vouloir plus de rayons ni d'azur.

L'érable, le tilleul et l'orme séculaires
S'entre-croisent partout; les hauts buis sont frangés
D'amples toisons de mousse; et d'humbles capillaires
Avoisinent l'ortie, en ces lieux si changés!

Sous les pieds du rêveur craquent les feuilles sèches
Des froids hivers passés; le sol est obstrué
Par un amas d'humus. Devant de larges brèches,
Le lapin broute et joue, au calme habitué.

Squelettes désolés, noirs, tordus par la bise,
Des arbres morts debout, près des vieux bancs verdis,
Ont abrité naguère Aminte ou Cydalise,
Et ces bosquets étaient autant de paradis.

Que d'aimables discours, de madrigaux faciles;
Combien de gais propos, de serments oubliés,
De chansons, de baisers, de doux récits futiles,
De silences divins, de regards épiés!

Dès l'aube, on parcourait les vastes avenues :
Le soleil caressait maint couple gracieux,
Et l'Amour, assiégeant le cœur des ingénues,
Favorisait souvent les plus audacieux.

Le rossignol caché, le soir, dans la charmille,
Mêlait sa voix si pure aux aveux enivrants ;
Et d'exquises odeurs de muguet, de jonquille,
Montaient comme un encens, vers les beaux conquérants

Mars, Pomone, Vénus, tous les dieux et déesses,
De leurs blancs piédestaux souriaient à ces jeux,
Se moquant des barbons, protégeant les duchesses
Vives, tendres ; l'œil fier, teint rose et sein neigeux.

On s'égarait parfois dans le frais labyrinthe
Dont les étroits sentiers s'effacent aujourd'hui ;
Nul de ces jolis pieds n'a laissé son empreinte :
Les rêves, les amants, hélas ! tout s'est enfui !

Au centre du jardin s'élève une statue
Qu'un grand maître sculpta : le dieu semble animé.
C'est Éros, sans carquois, et sa flèche abattue
Gît à côté de l'arc. — Le Temps l'a désarmé.

FLEURS FANÉES

A JOSÉPHIN SOULARY

> Cueillez, cueillez vostre jeunesse!
> RONSARD.

Dans un feuillet de vélin rose,
Je viens de trouver quelque chose
Qui réveille un passé doré.
Ne riez point de ma faiblesse;
En pensant à votre jeunesse,
Vous me comprendrez... J'ai pleuré.

Deux brins de violette blanche,
Du jasmin et de la pervenche :
Un bouquet flétri pour trésor?
Ami, ces fleurs sont précieuses...
Chers débris! Des heures joyeuses,
Du printemps vous parlez encor.

Le chemin creux, les vertes rives,
La vigne où picoraient les grives,
Je les revois chaque saison;
Mais plus de courses, de pillages!
Le front penché, sous les ombrages,
A pas lents marche la Raison.

Henriette, petite et brune,
Narguait la déesse Fortune,
Avec ses longs cheveux bouclés,
Ses grands yeux noirs, et son sourire
Qui, malicieux, semblait dire :
De mon cœur je garde les clés !

Prompte au caprice, un peu boudeuse,
Lucile était blonde, rêveuse,
Et, par instants, folâtre aussi.
Toi, pauvre pervenche fanée,
Tu racontes notre journée
Dans le bois de Montmorency.

C'était en Juillet, un dimanche ;
Elle étrennait sa robe blanche
Et son gentil chapeau lilas.
Bien à l'écart, assis sur l'herbe,
Nous fîmes un festin — superbe,
Riant tout haut, jasant tout bas...

Adieu, mes belles amoureuses !
Adieu, folles et langoureuses ;
Illusions, gaîtés, espoir !
Hélas ! je crois que ma main tremble ;
Tristes fleurs, cachez-vous ensemble,
Pour toujours, au fond du tiroir.

LA MORTE

Deux enfants près du lit se sont agenouillés.
Sur la table, le buis trempe dans l'eau bénite,
Devant un crucifix, — et la garde hypocrite
L'indique aux visiteurs, avec des yeux mouillés.

Un drap de fine toile a voilé le cadavre ;
Sa forme vaguement apparaît sous les fleurs
Dont l'aïeule a couvert, tremblante et tout en pleurs,
Le corps de l'adorée. Et son désespoir navre !

Pourquoi donc ces sanglots ? Pourquoi ces orphelins ?
Pourquoi la mort livide où la joie était reine ?
L'âme répond : « Souffrir est la loi souveraine,
Et l'horrible douleur mène aux espoirs divins ! »

L'ILE ENCHANTÉE

A ACHILLE MILLIEN

Ma grand'mère, autrefois, filant sa quenouillée,
Nous parlait longuement d'un monde merveilleux,
Où des sylphes dansaient, le soir, sous la feuillée ;
Où tout était plaisir pour l'âme et pour les yeux.

La haine, assurait-elle, en fut toujours bannie,
Et le mensonge aussi. — Se couronnant de fleurs,
Sous un ciel azuré, chacun passait sa vie
A chanter, à rêver, ignorant les douleurs.

On croyait à l'amour, et l'on s'en faisait gloire :
Les cœurs épanouis battaient à l'unisson.
Chez ce peuple béni, — qui n'avait pas d'histoire, —
L'égoïsme impassible eût donné le frisson !

La douce paix régnait, féconde et radieuse :
On n'enviait personne, on se prêtait appui;
Dans les bois verdoyants courait, franche et rieuse,
La jeunesse, — narguant le pâle et morne ennui...

Cet étrange pays était bien loin du nôtre.
O naïfs, ô charmeurs ! qu'êtes-vous devenus ?
On aurait beau chercher, hélas ! d'un pôle à l'autre,
Nul ne découvrirait tant d'heureux ingénus !

Triste réalité ! — Les récits qui, naguère,
Me tenaient éveillé, si tard, sont fabuleux. —
Le bonheur sans mélange est donc une chimère ?...
Que je voudrais entendre encor ces contes bleus !

L'AUMONE

Me voilà pris au trébuchet ;
Ce souvenir partout m'assiége :
Deux grands yeux vus par ricochet...
Me voilà pris au trébuchet !
Et mon cœur vous sert de hochet ;
Qui l'aurait cru ? Mais c'est un piége ;
Me voilà pris au trébuchet :
Ce souvenir partout m'assiége.

Qu'avais-je fait ? Je regardais
Vos pieds cambrés, votre main blanche,
Vos cheveux — noirs comme le jais !
Est-ce un crime ? — Je regardais —
Et, silencieux, j'admirais.
Pardonnez-moi, car ce dimanche
J'étais heureux : je regardais
Vos pieds d'enfant, votre main blanche.

En m'apercevant, par hasard,
Hélas ! vous m'avez fait l'aumône
Et d'un sourire et d'un regard,
En m'apercevant — par hasard !
Depuis ce soir-là, de Mozart,
De Venise ou de Babylone,
On me parle en vain... Par hasard,
Hélas ! — vous m'avez fait l'aumône.

Je n'écoute et n'entends plus rien :
Toujours à ces beaux yeux je rêve !
En vérité, ce n'est pas bien,
Je n'écoute et n'entends plus rien.
A qui la faute ? Et quel moyen
Pourrait guérir un mal sans trêve ? —
Je n'écoute et n'entends plus rien...
C'est folie ! — et pourtant je rêve !

ODELETTE

A MADEMOISELLE ANTOINETTE D.

Pourquoi me demander des vers,
Lorsque la pimpante jeunesse,
Insoucieuse des hivers,
Comme un chaud rayon vous caresse ?

Quelle ode, ballade ou chanson,
Quel rondeau, sonnet ou poëme,
Vaudrait la gaîté de pinson
D'une blonde enfant que l'on aime !

La Poésie est dans vos yeux :
On l'y voit briller, fraîche éclose ;
Elle a doré vos longs cheveux
Et fleuri votre teint de rose.

D'églantines et d'œillets blancs :
D'heureuse innocence et de grâce,
Elle a couronné vos quinze ans...
Saluons le Printemps qui passe!

AU POULIGUEN

A PIERRE LOTI

Raboteux, vermoulus, les pieds blottis dans l'herbe,
Sous les ormes du quai s'abritent quelques bancs;
Le Parisien flâneur y rêve de forbans,
De cyclone effroyable ou de pêche superbe.

La fillette y parcourt sa leçon du matin,
Et la nourrice y berce un gros poupon qui crie,
Tandis que des goutteux, parlant de la patrie,
Suivent d'un regard vague un nuage lointain.

A deux pas du Guignol dressé sur la jetée,
Les vieux marins oisifs, tannés et babillards,
Aiment fort à causer politique ou brouillards,
En riant des baigneurs à la mine éventée:

Le syndic, droit et grave, et souvent le douanier
Se mêlent à ce groupe où la parole est franche,
Où l'on prédit le temps, où l'on jure, où l'on tranche,
Sans que le ton bruyant soit jamais rancunier.

Au retour des bateaux, et lorsque la sardine
Emplit les mannequins de lamelles d'argent,
Les femmes de pêcheurs ont l'air très engageant ;
Tout le pays, soudain, montre une humeur badine.

Hier, j'étais assis sur l'un des bancs poudreux,
Placés le long du port et dominant la baie
Blanche, attrayante et calme, auprès d'une futaie
Où, quand le bain est pris, les enfants sont nombreux.

Comme il faisait bon vivre, en ce coin, bien à l'ombre !
Je l'avoue humblement : j'y griffonnais des vers ;
La brise, qui venait du bois de chênes verts,
M'apportait des parfums et des rimes sans nombre.

Tout à coup j'aperçus dans l'agreste chemin,
Une brune étrangère, — une adorable fée !
En robe de linon, coquettement coiffée,
Marchant d'un pied léger, son ombrelle à la main.

Chacun la contemplait, épris de sa jeunesse :
Les malins loups de mer ne disaient plus un mot,
La nourrice, immobile, allaitait son marmot,
Et les rhumatisants riaient avec finesse.

Elle, passait naïve, en nous laissant joyeux :
Sa beauté, dans les cœurs rayonnait, vive, exquise ;
(Par un geste, un sourire, une foule est conquise...)
Et, tout ému, longtemps je la suivis des yeux !

SEULE!

Quatre-vingts ans bientôt. — Grande, sèche, ridée;
Le nez mince, allongé; le menton très saillant :
Sa figure ascétique, à l'œil cave et brillant,
D'un ivoire jauni donne la juste idée.

Elle a beaucoup souffert, sans se plaindre jamais
D'avoir subi jadis une terrible épreuve;
Et, depuis quarante ans, silencieuse veuve,
Ses fidèles amis sont d'anciens portraits.

Le tricot bien roulé, posé sur une chaise,
Sera vite repris : dans l'antique maison,
Un travail assidu succède à l'oraison. —
Au fond du noir foyer rougit un peu de braise.

Ce corps d'octogénaire est comme desséché,
Mais il contient une âme innocente et sublime,
Du vulgaire ignorée, et que toujours anime
L'amour des malheureux et l'horreur du péché.

Quand Dieu va l'appeler, cette obscure martyre,
Depuis si longtemps prête à partir pour le Ciel,
Le suprême moment n'aura rien de cruel :
La Mort, au lieu d'effroi, verra naître un sourire.

LES LILAS

LA violette éclose,
Le frais bouton de rose,
L'oiseau qui fait son nid ;
Dans la jeune ramure
La brise qui murmure
Auprès d'un toit béni...
Tout dit : « Aimer, c'est vivre ! »
Avril vient d'accourir :
Plus de neige, de givre ;
Les lilas vont fleurir.

L'insecte qui bourdonne,
En passant, nous fredonne
Un tendre et gai refrain.
Naguère, à ton oreille,
Ce joyeux chant d'abeille
N'était pas dit en vain.
La froide indifférence
Hélas ! fait tant souffrir !
Tout parle d'espérance :
Les lilas vont fleurir.

Qu'il est loin, ô perfide !
Ce doux soir — trop rapide —

Où, sous d'ombreux lilas,
Nous jurâmes ensemble...
— J'y songe — et ma voix tremble !
Ne t'en souviens-tu pas ?
Tu dois m'aimer encore ;
Ramassons les débris
De mon cœur... Je t'implore !
Les lilas sont fleuris.

Oh ! rien qu'une parole,
Un regard qui console ?
Cela coûte si peu !
Et, pourtant, oublieuse,
Ma douleur anxieuse
Pour toi n'est plus qu'un jeu.
Adieu !... Je vous pardonne. —
Des beaux rêves glanés
Effeuillons la couronne...
Les lilas sont fanés.

EN BRETAGNE

A PAUL DE KERGRÉ

Le ciel est gris, les toits sont blancs de givre ;
En tisonnant je rêve au coin du feu.
De mes genoux glisse à l'instant mon livre :
Fermons-le vite, — et bavardons un peu.

Rappelle-toi nos chères causeries,
Et les châteaux si bien bâtis à deux,
Tout en marchant par les landes fleuries
Du beau pays qui vit naître Brizeux.

Certain jeudi, — ma mémoire est fidèle, —
Tu nous fis suivre un sentier ravissant :
Ce souvenir accourt à tire-d'aile,
Comme un oiseau, dans mon cœur bondissant.

Ah! que j'aimais cette agreste nature!
Les noirs rochers dans le bois de sapins;
Le chêne antique à la sombre verdure, —
La croix de pierre à l'angle des chemins!

Je reconnais les touffes de bruyères,
Les grands ajoncs tout criblés de fleurs d'or,
Et le menhir, et les sveltes fougères
Où la rosée en perles brille encor.

Je la revois, la bande insoucieuse,
A travers champs, sur le bord de l'Ellé!
L'air était vif et notre humeur joyeuse;
Souvent depuis nous en avons parlé.

Rappelle-toi le chasseur émérite,
Fumant sa pipe au seuil de sa maison;
Il me sembla, durant notre visite,
Fier de ses chiens plus que de son blason.

Pauvre logis pour un vieux gentilhomme,
Marquis, je crois, et du meilleur aloi :
Au temps jadis, ses aïeux qu'on renomme
Étaient choyés de leur Dame et du Roi !

Mais, pour parer sa modeste demeure,
Fleurs et soleil s'empressaient à la fois.
En l'écoutant, trop vite passa l'heure :
Ce gai Nemrod nous contait ses exploits.

Sa voix vibrait... J'admirais sa figure
Bien colorée, et ses longs cheveux blancs ;
Ses yeux montraient une âme ardente et pure,
Son geste prompt n'accusait que vingt ans.

Autour du lit, tout noircis, les ancêtres,
Graves et droits, dans leurs cadres sculptés,
Cachaient le mur ; puis, entre les fenêtres,
On remarquait deux pastels veloutés.

C'était, à gauche, une dame poudrée,
Mouche à la joue et l'éventail en main :
Le fin sourire aimé de Cythérée
Plissait encor ses lèvres de carmin !

L'autre tableau, d'une touche légère,
Représentait deux radieux enfants,
Dans un jardin, jouant près de leur mère :
Notre marquis et sa sœur, à dix ans !

Portraits fanés! de l'aube de la vie,
Vous évoquez les rêves les plus doux.
On vous contemple, et, dans l'âme ravie,
Tout refleurit, tout chante, grâce à vous!

Salut, Avril! Triomphante jeunesse,
Tu m'apparais comme un rayon vermeil,
Qui vient chasser la brume et la tristesse,
Et du printemps annoncer le réveil.

Garde, ô mon cœur! garde ainsi qu'un avare,
Les souvenirs riants de ton passé;
Rappelle-toi l'éclatante fanfare
De tes désirs au cortège pressé!

Rappelle-toi l'espoir et la croyance,
L'ambition aux fiers songes ailés,
L'amour jaseur, — riche d'imprévoyance!
Les gais refrains des lèvres envolés...

Ces jours sont loin! Mais la philosophie
Rend moins aigus les cailloux du chemin.
L'amitié sainte épure et fortifie:
Qu'hier nous aide à supporter demain!

CAPITAINE

A ADOLPHE LALAUZE

> Ce temps qu'en folie on dépense,
> Comme il nous échappe et nous fuit!
>
> ALFRED DE MUSSET.

De tout le vieux Quartier Latin
Savez-vous bien quelle est la reine,
Le gai compagnon, le lutin?
    — C'est *Capitaine!*

Regardez ce gentil jupon,
Un peu trop court... (Dieu le pardonne!)
Cette jambe ronde et mignonne,
Ce petit pied, cet air fripon.
La lèvre rouge et souriante,
L'œil vif et le ton cavalier :
A *la Rôtisseuse*, à *Bullier*,
C'est la meilleure étudiante.

S'il faut boire jusqu'au matin,
Ou chanter jusqu'à perdre haleine,
Qui voit-on d'abord au festin?
    — C'est *Capitaine!*

45

Elle adore le changement,
Le homard et la malvoisie,
Et met beaucoup de fantaisie
Dans la danse — et le sentiment.
Au demeurant, très bonne fille,
Ne manquant point de charité,
Elle vante la liberté —
Et les parfaits à la vanille.

Qui donc serait assez... taquin —
Jetant la pierre à Madeleine,
Pour fronder — comme eût fait Berquin ! —
    Mon *Capitaine ?*

C'est un démon blond, rose et blanc,
Plein de ruse et plein de caprices ;
Qui raffole des écrevisses,
Du clicquot et du maryland.
Avec des goujons en friture,
La campagne lui plaît parfois ;
Et son rêve est d'aller au Bois,
La nuit, voir le lac — en voiture.

Sa robe n'est pas de satin,
Mais à quoi bon ? — Robe de laine,
Dents de perle, et regard malin :
    C'est *Capitaine !*

L'amant d'hier reste toujours
Pour elle un fort bon camarade ;

Jamais son cœur ne fit parade
D'être toqué plus de huit jours.
A ses yeux, amour et bêtise
Ne sauraient différer beaucoup ;
Et l'on doit crier : Casse-cou !
A tous ceux que Cupidon grise.

Travail, solitude ou chagrin,
Lui donnent bientôt la migraine :
Au jour le jour ! — c'est le refrain
    De *Capitaine*.

Joie et chansons : las ! tout finit !
Quand le sombre hiver déménage,
On entend jaser, sous l'ombrage,
Les pierrots au bord de leur nid.
Cheveux au vent, folle et mutine,
Dans les bosquets, sans nul souci,
Capitaine chante, elle aussi...
Tandis que l'abeille butine !.

Enfant gâté (pauvre destin !),
Tu ne vois pas que ta marraine,
La Jeunesse — au rire argentin —
    Fuit *Capitaine !*

Paris, 1860.

BOUQUET DES CHAMPS

Il est devant mes yeux, sur ma table encombrée
De livres, de papiers griffonnés à demi;
Un vase ancien contient la gerbe diaprée
Où plus d'un scarabée est encore endormi.

Ce rustique bouquet, emperlé de rosée,
Forme un fouillis charmant. Que de vives couleurs,
De fraîcheur et de grâce! A travers la croisée,
Un rayon matinal vient caresser les fleurs.

Salicaire, aconit, troëne et scabieuse,
Se dressent à côté du fier coquelicot,
De la frêle églantine et d'un rameau d'yeuse,
Mêlés aux boutons d'or, à l'herbe, au mélilot.

La clématite embaume, et, parmi les fougères,
Voici la gentiane et la reine des prés;
Le liseron, qui tombe en guirlandes légères,
Courbe le chèvrefeuille aux beaux fleurons ambrés.

Un enfant m'a donné sa moisson odorante,
Image, comme lui, du radieux printemps;
Et mon cœur bat plus fort, ma voix devient vibrante,
Car ce parfum me grise, et soudain j'ai vingt ans!

LA GLYCINE

Je me souviens qu'à la porte
D'une maison que j'aimais,
La glycine, souple et torte,
S'arrondissait comme un dais ;

Et ses fleurs, d'un lilas tendre,
Au premier rayon d'Avril,
En foule venaient répandre
Leur parfum doux et subtil.

De ces grappes opulentes
Rien n'égalait la fraîcheur :
Que d'abeilles vigilantes
Les pillaient avec ardeur !

Puis, une frondaison verte
Couvrant ce dôme fleuri,
Le chat, à la moindre alerte,
Y grimpait, sûr d'un abri.

Les branches, très curieuses,
Se glissaient dans le logis,
Semblant fières et joyeuses
D'habiter ce paradis,

Où la jeunesse et la grâce
Jasaient, du matin au soir,
Sans souci du temps qui passe
Et ne croyant qu'à l'espoir.

Combien de projets, de rêves,
Sous la glycine sont nés !
Que les heures étaient brèves,
Et les aveux spontanés !

O ma Muse ! que de rimes
Voltigeaient en ce séjour,
Plein de vrais bonheurs intimes,
Faits de soleil et d'amour !

Fuyant les esprits moroses
Et le cynisme moqueur,
Je respire encor vos roses,
Exquises fêtes du cœur !...

La glycine, svelte et forte,
S'arrondissait comme un dais,
Cachant à demi la porte
D'une maison que j'aimais.

IDYLLE

On voit sourire Avril, essayant ses parures :
Vert tendre, vert foncé, bourgeons bruns, violets ;
Adieu, givre ! L'Amour peut sortir sans fourrures :
La glycine fleurit au fronton des chalets.

C'est le doux renouveau. Salut, saison du rêve !
Le cœur battra plus fort dans les sentiers étroits
Que borde la pervenche, où l'arbre est plein de sève,
Où l'iris va régner sur les plus humbles toits.

Qu'on sera bien à deux, sous la jeune feuillée,
A l'abri du soleil, et devisant tout bas,
Loin de l'absurde foule à la voix éraillée,
Qui se grise et qui crie, en cueillant du lilas.

Mais, chut ! Nul n'oserait parler des matinées
Où l'oiseau, par ses chants, célèbre le ciel bleu...
Car les taillis, les nids, sont choses surannées :
L'adorable printemps est devenu « *vieux jeu !* »

26 Avril.

PAYSAGE

A M. LE COMTE ARMAND DE PONTMARTIN

Loin, oh ! bien loin du bruit ! je sais un coin de terre...
Que le rêve était doux en ces sentiers ombreux !
Je ne l'oublierai pas, l'oasis où, naguère,
  Longtemps je fus heureux.

L'église a l'air bien pauvre avec son toit de chaume
Et son clocher moussu dont le coq est rouillé !
Mais l'autel a des fleurs,—et l'humble temple embaume,
  Quand Mai s'est éveillé.

Le presbytère, assis sur la rive du fleuve,
Abrite l'hirondelle et le pinson jaseur :
Cette maison si simple — et si loin d'être neuve !
  Sourit au voyageur.

Autour est le jardin : Des plantes potagères ;
Contre les murs blanchis trois ou quatre espaliers ;
Un jasmin, des lilas, du thym dans les parterres ;
  Un buisson de rosiers...

Tout près du jonc fleuri qui de la Seine émerge,
De sveltes peupliers, formant un vert rideau,
Frémissent doucement, alignés sur la berge,
  Et se mirent dans l'eau.

Le village s'étend à l'ombre de l'église.
Les Crésus du pays ont un clos de pommiers;
Dans la haie apparaît mainte rouge cerise :
     Espoir des écoliers!

Et poules et poussins sont à la picorée;
Et l'on voit les enfants — démons au teint vermeil, —
Se roulant bruyamment sur l'herbe diaprée
     Qu'inonde le soleil.

Le long des marronniers grimpe le chèvrefeuille,
Balancé par la brise ainsi qu'un encensoir :
L'abeille y fait la sieste à l'abri d'une feuille,
     En attendant le soir.

Sous ce beau ciel d'azur librement on respire.
Nul trouble, nul mécompte ! On dirait qu'en ce lieu
Si rempli de parfums, où tout semble sourire,
     L'homme est plus près de Dieu.

LA COTE SAUVAGE

Couchés sur le sable nacré,
Nous regardons les coccinelles
Qui grimpent, d'un air affairé,
Le long des tiges d'immortelles.

Devant nos yeux l'immensité :
La mer et le ciel sans nuage.
Le soleil ardent de l'été
Dessèche l'herbe du rivage.

Calme absolu. Sur l'Océan
Pas la moindre ride à cette heure ;
L'oiseau, reprenant son élan,
De l'aile par instants l'effleure.

Sur les dunes, le chardon nain,
Aux feuilles d'un bleu métallique,
Semble garder du dernier grain
Le souvenir mélancolique.

La côte aride est sans pêcheurs ;
On n'y découvre aucun village :
Point de clocher, point de faucheurs,
Point de troupeaux ni d'attelage.

Partout, dans ce morne désert,
Des monticules et des plaines ;
Le gravier brûle ; rien n'est vert
Qu'un bouquet de pins et de chênes.

Ceint de hauts rochers noirs et gris,
Un gouffre sinistre bouillonne ;
Sur le sol gisent des débris
Qu'une mousse pâle festonne.

Au reflux, de nombreux récifs
Se hérissent, prêts aux morsures ;
Parfois, en bâillant, des oisifs
Y vont déchirer leurs chaussures.

Mais tout rayonne. En un tel jour
Qui songerait à la tempête,
Au cruel départ sans retour,
Aux vents, aux flots que rien n'arrête ?

Hélas ! un squelette ensablé :
La coque d'un pauvre navire
Nous a lugubrement parlé
Des horreurs de l'obscur martyre.

Nous avons entendu soudain,
Dans l'ombre, les cris de détresse,
La manœuvre, hurlée en vain,
Le vœu, la suprême promesse

D'aller, un cierge en main, pieds nus,
Honorer la céleste Mère...
Ces vaillants, les a-t-on revus ?
Ont-ils des algues pour suaire ?

Terre-Nègre (près Royan).

PROGRÈS

La prose étouffera les vers !
Pourquoi rimer ? C'est un travers,
  Une manie ;
O Muse, éprise des grands bois,
Des sources, des airs villageois,
  Sois donc bannie !

Lyre et pipeaux sont vermoulus.
Les tendres élans, au surplus,
  Les rêveries,
Semblent des thèmes bien fanés :
Adieu, rondeaux ; adieu, sonnets
  Et bergeries.

C'est se montrer par trop naïf
De savourer le vieux Baïf,
  En pleine idylle :
Sous le frais cytise odorant,
Au bord d'un ruisseau murmurant,
  Loin de la ville !

A quoi bon chanter les oiseaux,
Le chêne, les souples roseaux,

Les amoureuses?
A quoi bon parler des autans,
D'un chaud rayon, du gai printemps,
　　Des tubéreuses?

Célébrer le retour d'Avril,
Ou d'un enfant le doux babil,
　　Quelle folie !
Qui voudrait évoquer les jours
Remplis par les jeunes amours ?...
　　Le sage oublie.

Qui songe encore au ciel d'azur,
A la brise, au lis blanc, si pur?
　　Dans la rosée,
Qui donc cueillera le jasmin,
Dès l'aube, en tenant par la main
　　Son épousée ?

Tout paraît banal à présent;
Seul, le scandale est amusant :
　　Rien ne l'arrête !
On raille vertus, lois, devoirs,
Foi vive, aveux, serments, espoirs,
　　Et joie honnête.

L'Idéal n'est plus de saison.
Point de lumineux horizon,

Ni de chimère ;
Le Doute a glacé les esprits ;
Maintenant, les Dieux sont proscrits :
On rit d'Homère.

Pauvres poètes arriérés,
Écoutez les gens affairés,
Et, vite, en course !
Dédaigneux des soleils couchants,
Il ne faut plus aller aux champs,
Mais à la Bourse.

SONNETS

LE CAPRICE

A ARSÈNE HOUSSAYE

Cheveux bouclés, nez retroussé,
Un regard où la gaîté brille;
Le pied bien cambré, — bien chaussé;
Un esprit charmant qu'on gaspille.

Le brodequin demi-lacé,
(Le temps presse : il faut qu'on babille!)
Sur la lèvre un chant commencé...
Les bras ronds et la main gentille.

A vingt ans, ce joyeux démon
Est sage!... autant que Salomon
L'était, au sortir de nourrice.

Malicieux, — mais sans détour, —
On voudrait que ce fût l'Amour!...
Hélas! ce n'est que le Caprice.

A THÉOPHILE GAUTIER

POUR LE LIVRE : *Le Tombeau de Théophile Gautier.*

Ciseleur merveilleux, ô grand peintre, ô poète !
Jusqu'au suprême adieu, fier disciple du Beau ;
Toi qui, sans te lasser, luttant comme un athlète,
Portais de l'Art divin l'étincelant flambeau ;

Ta main est donc rigide et ta lèvre muette ?...
Dans l'air a croassé le sinistre corbeau ;
Le soleil d'Orient s'éteint sur ta palette,
Et sur toi va peser le marbre du tombeau.

Tes yeux, hier encore avides de lumière,
N'auront plus de regard ! A l'étroit dans ta bière,
Te voilà, loin du jour, hélas ! enseveli...

Maître, tu peux dormir ! La Muse éblouissante
Émerge du cercueil ; et ton œuvre puissante,
Triomphant de la Mort, saura vaincre l'oubli.

Paris, 25 Octobre 1872.

L'IRIS

POUR LE LIVRE : *Ailes et Fleurs.*

En suivant tous les deux un agreste chemin
Qui menait à l'étang où le taillis se mire,
Nous égrenions jadis notre plus joyeux rire,
Enivrés de soleil et la main dans la main.

Le murmure des bois, comme un tendre refrain,
Répondait aux chansons que la jeunesse inspire,
Et, pour mieux écouter une invisible lyre,
Svelte et charmant, l'iris semblait sortir du bain.

Abrités sous les fleurs, des oiseaux en querelle
Bientôt faisaient la paix, volant à tire-d'aile,
Et fêtaient leurs amours dans le ciel empourpré...

Je suis allé revoir, à la saison dernière,
L'iris, parmi les joncs dressant sa tête fière ;
Mais j'étais seul alors, — et soudain j'ai pleuré.

LA FALAISE

Des genêts éclatants et de sveltes bruyères
Couvrent, comme un manteau tissé de pourpre et d'or,
Les énormes rochers, dont les croupes altières
Font, à la mer immense, un magique décor.

Le Temps n'ose entamer ces gigantesques pierres
Que baise le soleil; et la vague s'endort,
En léchant les pieds bruns des géants séculaires,
Aux jours de calme heureux, où nul ne craint la mort.

Mais, dans les coups de vent, quand les flots en furie,
Déferlent, à côté d'une lande fleurie,
Inondant, à grand bruit, la chaîne des brisants,

Mauves et cormorans tournoient près de la cime :
Le vertige nous prend sur le bord de l'abîme,
Et l'âme, avec effroi, songe aux agonisants !

Jobourg, 17 Août 1880.

INTÉRIEUR

A M. ÉTIENNE DIDIER

Le soir, en plein Décembre, et par un vent de bise,
Tandis que le grésil vient frapper aux carreaux,
Le thé brûlant servi, fermant bien les rideaux,
Il fait bon s'installer près d'un feu qu'on attise.

Les pincettes en main, sous la lampe on devise,
Entre amis, librement, — à côté des berceaux
Où dorment les enfants, qui rêvent de cerceaux,
Et de biscuits dorés, d'une saveur exquise.

Comme la chambre est close! et que les tristes mois
Passent vite, en parlant des gaîtés d'autrefois,
Ou bien lorsqu'on relit le chef-d'œuvre d'un maître!

On y trouve toujours de nouvelles beautés...
Le cœur le plus meurtri se sentirait renaître
Au charme pénétrant de ces intimités.

NOËL

Trois et quatre ans. La sœur aînée,
En chemise, hier soir a mis
Dans l'humble et froide cheminée,
Deux mignons souliers dévernis.

Voici l'aube de la journée
Où les anges du paradis,
Quand Noël a fait sa tournée,
Vont éveiller les tout petits.

Elles grelottent, les fillettes,
En quittant leurs pauvres couchettes,
Pour courir vers l'âtre, sans bruit.

Hélas! les bottines percées
Sont encor vides et glacées...
La mère est morte dans la nuit.

JOUR DE MARCHÉ

A F. GEMAHLING

Septembre gonfle et dore enfin le chasselas ;
Les pêches sont à point. La déesse Pomone
(Un peu trop démodée), à coup sûr, est très bonne
De garnir aussi bien l'espalier, l'échalas !

Chaque tente rustique abrite des amas
De beaux fruits parfumés, que la foule environne,
Regardant, tour à tour, les prunes de Damas,
Et la figue entr'ouverte, où l'abeille bourdonne.

On marchande, on choisit. —
                        Et, bientôt, le dessert,
Mis sur la nappe blanche, et sous l'épais couvert
D'un jardinet en fleurs, ignoré du profane,

Séduira le gourmet, ami des petits plats,
Du vin frais, des cœurs chauds, des plaisirs délicats,
Et de l'esprit sans fiel, qui, jamais, ne se fane !

ALFRED DE MUSSET

A ANDRÉ CHANET

La vie, hélas! pour lui, fut courte et bien amère!
Ces rêves qu'au printemps, joyeux, nous caressons,
Ne le visitaient pas, — depuis l'heure où sa mère
Disait, pour l'endormir, ses plus douces chansons.

L'amour ne lui donna qu'une joie éphémère;
(Il n'en eut, il est vrai, que les contrefaçons!)
Et, toujours, poursuivant l'enivrante chimère,
Il déchirait son cœur aux ronces des buissons.

Et nous lisions ses vers, admirant son génie,
Tandis qu'il se tordait en ses nuits d'insomnie,
Fiévreux, désespéré, ne croyant plus à rien...

Puis la Mort s'est courbée un soir sur son épaule;
Et le poète a dit : « Demain, plantez un saule,
» Mes amis; sous son ombre, ah! je dormirai bien! »

LE RÊVE

Les rideaux de velours sont fermés avec soin;
Un rayon, cependant, filtre jusqu'à la couche
Où dort, pelotonnée et la tête en un coin
De son mol oreiller, la *diva* peu farouche.

Tandis que l'*Angelus* tinte gaîment au loin,
Au bord du lit sculpté, tout près d'une babouche,
Un havanais soyeux, pas plus gros que le poing,
S'éveillant à demi, veut happer une mouche.

La « soupeuse » s'agite : en songe elle revoit,
A l'ombre des bouleaux, l'humble et rustique toit
Où ses quinze ans d'un rien se faisaient une fête.

Elle entend le berger, qui lui redit : Bonjour!...
Puis, se frottant les yeux : « Le homard est trop lourd, »
Soupire l'ingénue; « il m'a pesé, c'est bête. »

Asnières.

LA CRIQUE

A SAINTE-BEUVE

Étroite et solitaire, elle plaît au rêveur ;
Même par un ciel sombre, on s'y baigne sans crainte ;
Les algues, le varech, tapissent son enceinte,
Où l'embrun pénétrant est rempli de saveur.

Sur cette côte agreste, — aux beaux jours de ferveur, —
Ignorant des soucis la fatigante étreinte,
J'ai cru trouver jadis, loin de toute contrainte,
L'abri qui donne à l'âme un vrai calme sauveur.

Parfois, à l'horizon, blanchissait une voile ;
Le phare, dans la nuit, semblait être l'étoile
Qui, brillante, annonçait un avenir béni.

Déceptions et deuils ont chassé mes chimères ;
Moins que la vie, hélas ! les vagues sont amères :
Elles bercent souvent et parlent d'infini !

LE CIMETIÈRE

Tubam expectant.

Partout, une herbe haute et drue, — éblouissante,
Car le soleil de Juin la dore en ce moment;
La brise, par instants, l'incline, caressante,
Et les papillons blancs s'y posent doucement.

Point de marbre orgueilleux, d'épitaphe savante;
Les croix sont en sapin, noirci tout simplement.
La maîtresse sommeille auprès de sa servante,
L'enfant près de l'aïeul, — jusqu'au grand Jugement.

Ah! combien ont souffert de l'humaine injustice,
Parmi ces humbles morts! et la vertu factice
A, souvent, pris le pas sur l'héroïsme obscur.

Vaincus, reposez-vous, à l'abri de la fange;
Dormez, en attendant la trompette de l'Ange
Qui vous emportera, triomphants, dans l'azur.

1880.

FIN

OPINIONS

Sur *AVRIL* :

Piedagnel est un poète idyllique de beaucoup de talent. Son *Avril* est plein de poésie, de jeunesse et de grâce... Je donne à ce livre, dès aujourd'hui, une place dans mes livres de chevet. — François Coppée *(de l'Académie Française.)*

... En 1877, M. Alexandre Piedagnel, sous le titre heureusement choisi d'*Avril*, ayant réuni ses pièces de jeunesse, il se trouva qu'il venait de faire, sans y songer, un livre tout simplement ravissant de grâce et de fraîcheur, que les critiques les plus autorisés louèrent à l'envi... Je ne puis assez admirer ce beau volume où tout est admirable, forme et fond. — Joséphin Soulary.

Sur *HIER* :

... C'est charmant et fait pour durer! — Cuvillier-Fleury *(de l'Académie Française.)*

... L'œuvre est délicate et élevée. — Philippe Gille *(Le Figaro.)*

Hier est un recueil de vers sains et délicats. On connaît le volume de souvenirs que M. Piedagnel a consacré à la mémoire de son ami le peintre Millet. M. Piedagnel rappelle quelquefois ce grand maître par l'amour qu'il montre à la nature, et sa manière large et robuste de l'interpréter... — Robert-Estienne (R. de Bonnières; le *Gaulois.)*

Sur *EN ROUTE* :

J'ai lu l'excellent recueil de poésies : *En route,* avec le plus vif plaisir, car j'y ai trouvé, dans son expression achevée, tout le talent pur et solide de l'auteur. Les traits descriptifs sont rendus sobres par leur justesse même, et l'harmonie du vers ajoute à la précision du mot pour caractériser les sentiments les plus fins. M. Piedagnel rime toujours avec une richesse et une aisance remarquables... — Sully-Prudhomme *(de l'Académie Française.)*

... Jamais l'inspiration de l'auteur n'a été plus sincère, plus délicate et plus personnelle... Il a serré de près la nature, et l'expression l'a bien servi; elle est partout, dans ce livre, originale, moderne et bien vivante. — Théodore de Banville.

TABLE

	Pages
Au Lecteur	1

SOUVENIRS

Millet chez lui	3
Deux heures chez Béranger	31
Lamartine	47
Les Joies du bibliophile.	55
Le Chalet de Passy	63
Un Type disparu : Le père Lécureux. . . .	73
Les Contes bleus.	87
La première Représentation de « *Nos Intimes* » . .	95
Mère et Comédienne (Virginie Déjazet)	109
Le Palais du bonhomme Marcille.	119
Adieu, Pierrot !.	131
Il faut courir deux Lièvres	143

PAR MONTS ET PAR VAUX

En Normandie : *Au Mont Saint-Michel*.	153
Une Soirée extraordinaire, *à Rochefort*. . . .	161
Au bord de l'Océan (*Souvenirs de Saintonge*) . . .	167
Villages et rivages Bretons.	185
Aux Pyrénées : Le Gargarisme	203

FANTAISIES

Profils de Bourgeois	213
Les Amours d'un Bouvreuil.	225

La Cloche de Saint-Hilaire.	237
Les Lilas.	251
Chanson d'Hiver.	259

IMPRESSIONS ET CROQUIS

Deux Chansons de Dufresny.	271
Le Livre du Critique.	279
Les Enfants.	289
Le premier Voyage.	299
Sur Henry Murger.	305
Pendant le Siège.	313

POÉSIE

Pastels et Fusains.	321
Sentier perdu.	323
Primeurs.	325
L'Œillet.	326
La Marquise.	328
En Espagne : Fontarabie.	329
Matinée à Irun.	330
A Séville.	332
Sacrificios (Souvenir du Mexique).	333
Henry Mürger.	334
Le Parc.	336
Fleurs fanées.	339
La Morte.	341
L'Ile enchantée.	341
L'Aumône.	343
Odelette.	344
Au Pouliguen.	345
Seule!	347
Les Lilas.	348
En Bretagne.	349
Capitaine.	353
Bouquet des Champs.	356
La Glycine.	357

TABLE

Idylle.	359
Paysage.	360
La Côte sauvage.	361
Progrès.	364

SONNETS

Le Caprice.	367
A Théophile Gautier.	368
L'Iris.	369
La Falaise.	370
Intérieur.	371
Noël.	372
Jour de Marché.	373
Alfred de Musset.	374
Le Rêve.	375
La Crique.	376
Le Cimetière.	377

TABLE DES EAUX-FORTES

FRONTISPICE.	En regard du Titre.	
LES JOIES DU BIBLIOPHILE	En regard de la Page	57
AU BORD DE L'OCÉAN (*Royan*).	—	169
LA CLOCHE DE SAINT-HILAIRE.	—	239
LE PREMIER VOYAGE.	—	301
LA MARQUISE.	—	329

DU MÊME AUTEUR

Les Ambulances de Paris pendant le Siège, 1 vol. in-12 elzévir, papier vélin. — Paris, Librairie générale, 1871. — 2ᵉ édition, 1872. *(Épuisé.)*

J.-F. Millet, 1 vol. grand in-8, sur papier de Hollande, avec un portrait par Adolphe Lalauze, un frontispice de Félicien Rops, huit eaux-fortes, hors texte, par Charles Beauverie, Maxime Lalanne, R. Piguet, Félicien Rops, Ed. Saint-Raymond, Alfred Taiée, et deux fac-similés (dessin et lettre de Jean-François Millet). — Paris, Cadart, éditeur, 1876. *(Épuisé.)*

Avril, Poésies, 1 vol. in-16 elzévirien, sur papier vergé, texte encadré en rouge, avec un frontispice de Giacomelli, gravé à l'eau-forte par Lalauze. — Paris, Isidore Liseux, éditeur, 1877. *(Épuisé.)*

Un Bouquiniste parisien, 1 vol. in-8, sur papier de Hollande, avec un frontispice, composé et gravé à l'eau-forte par Maxime Lalanne. — Paris, Édouard Rouveyre, éditeur, 1878. *(Épuisé.)*

Hier, Poésies, 1 vol. in-8, sur papiers vélin, du Japon, etc., avec un frontispice et cent dix vignettes de Paul Avril, tirées en bistre. — Paris, Claude Motteroz, imprimeur-éditeur, 1882. *(Épuisé.)*

Jules Janin, 3ᵉ édition, 1 vol. grand in-16 elzévirien, sur papier vélin teinté, avec une bibliographie, un portrait à l'eau-forte par Boilvin, et un fac-similé d'autographe. — Paris, Librairie Fischbacher, 1884.

(La 1ʳᵉ édition, ornée d'un portrait à l'eau-forte par Flameng, a paru chez Jouaust; la 2ᵉ, — très augmentée, — chez Sandoz et Fischbacher.)

En Route, Poésies, 1 vol. in-12 elzévirien, sur papier vélin teinté. — Paris, Librairie Fischbacher, 1886.

INTRODUCTIONS ET NOTICES, — pour des éditions de luxe de *Paul et Virginie* (Liseux, éditeur) ; du *Voyage autour de ma chambre* (A. Quantin, éditeur) ; de la *Chaumière Indienne*, des *Lettres Portugaises*, du *Diable amoureux*, des *Lettres de Mademoiselle Aïssé*, des *Contes et Poésies diverses d'Hégésippe Moreau*, de la *Chercheuse d'esprit* (Librairie des Bibliophiles) ; etc.

COLLABORATION : — Au *Parnasse contemporain* (in-8) ; au *Tombeau de Théophile Gautier* (in-8) ; à *Ailes et Fleurs* (in-folio, illustré par Giacomelli) ; aux *Miscellanées bibliographiques* (in-8), etc.

EN PRÉPARATION

ŒUVRES COMPLÈTES DE REGNARD, Édition nouvelle, — elzévirienne, — revue sur les meilleurs textes ; publiée avec une Introduction et des Notes. — Paris, Alphonse Lemerre, éditeur.

PROFILS ET ÉTUDES LITTÉRAIRES, 1 vol.

L'Académie Française a décerné deux prix à M. A. Piedagnel.

Paris. — Charles UNSINGER, imprimeur, 83, rue du Bac. — 2620.